AF199947

Stefan Luckhaus

Risiken in der IT:
Erkennen - Steuern - Verbessern

Ein Modell für effektives Risikomanagement in Entwicklung und Betrieb

© 2024 Stefan Luckhaus

Druck und Distribution im Auftrag des Autors:
tredition GmbH, Halenreie 40-44, 22359 Hamburg, Deutschland

ISBN
Softcover   978-3-746-90252-4
Hardcover   978-3-746-90253-1
E-Book   978-3-746-90254-8

Inhaltsverzeichnis

Einleitung

Auch für IT-Projekte gilt: Die Zukunft ist nicht festgelegt. Möchten wir einen bestimmten Zustand in der Zukunft (ein Ziel) erreichen, werden wir meist mit so vielen Einflüssen auf unserem zielführenden Weg konfrontiert, dass wir sie weder zählen noch überschauen können. Wir mögen uns treiben lassen von diesen Einflüssen, wir können sie aber auch analysieren und im Sinne der Zielerreichung störende von begünstigenden Einflüssen unterscheiden. Dies befähigt uns, die Auswirkungen störender Einflüsse (im Kontext dieses Buches als Bedrohungen oder Risiken bezeichnet) zu mindern oder ganz zu vermeiden und demgegenüber die Auswirkungen begünstigender Einflüsse (im weiteren Verlauf: Chancen) zu fördern.

Abbildung 1 zeigt in plakativer und an Alltagserfahrungen angelehnter Form, wie unterschiedliche Einflüsse den Weg zu einem Ziel, in diesem Beispiel die Einhaltung eines vereinbarten Liefertermins, beeinflussen können. Werden diese Einflüsse nicht erkannt und wird ihnen nicht gegengesteuert, führen sie zu einer Abweichung vom geplanten direkten Weg. Im schlimmsten Fall wird das Ziel nicht erreicht.

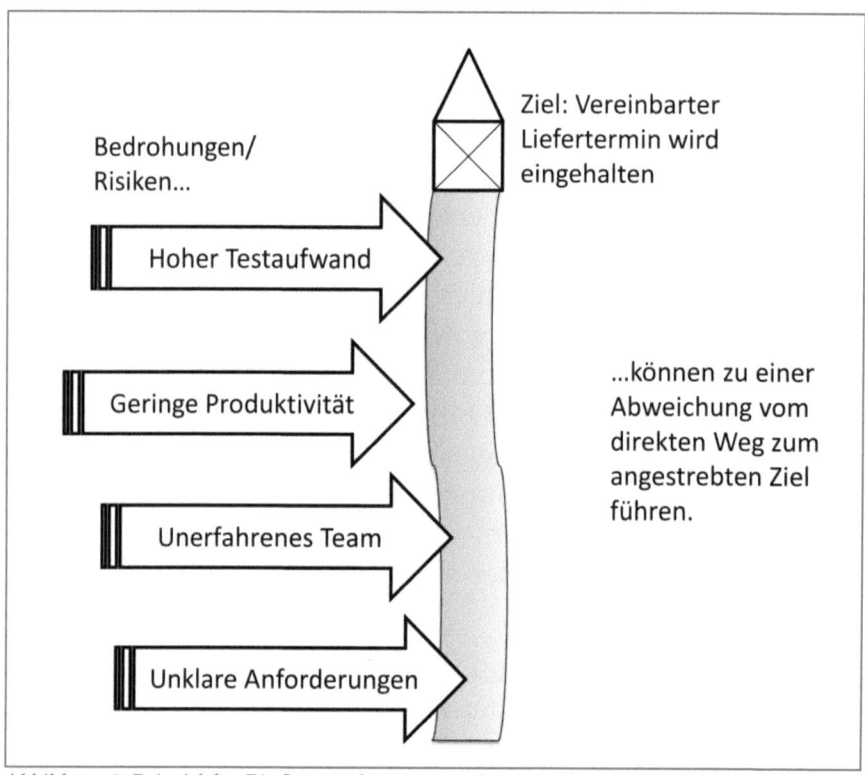

Abbildung 1: Beispiel für Einflussgrößen einer Zielerreichung

Dieses einfache Prinzip findet man in vielen modernen Managementsystemen wieder. Sie zeigen dem Management in einem bestimmten Kontext Ziele und Wege. Dabei stehen die Wege sinnbildlich für bewährte Methoden zur Zielerreichung mit zugehörigen Steuer- und Kontrollmechanismen.

In modernen Managementsystemen ist die Analyse von Chancen und Risiken ein Kernprozess und wichtiger Input zur Steuerung der Zielerreichung. Jede Unternehmensführung basiert auf einem Managementsystem und orientiert sich somit an Chancen und Risiken, ebenso beispielsweise Organisationen zur Durchführung von IT-Projekten, deren Managementsysteme sich meist an bewährten Vorgehensmodellen orientieren. Weitere Einsatzgebiete sind themenbezogene, standardisierte Managementsysteme wie beispielsweise

- Qualitätsmanagementsysteme nach DIN EN ISO 9001 [DIN EN ISO 9001 2015],

- Informationssicherheitsmanagementsysteme nach ISO/IEC 27001 [ISO/IEC 27001 2015] und

- Umweltmanagementsysteme nach ISO 14001 [ISO/IEC 14001 2015].

Dieses Buch beschreibt ein Modell für das Management von Chancen und Risiken, wie es in allen risikoorientierten Managementsystemen eingesetzt werden kann. Dabei basiert es auf praktischen Erfahrungen aus den Bereichen Softwareentwicklung und IT-Betrieb, dürfte jedoch auch auf andere Branchen übertragbar sein.

Da es im Kontext des Risikomanagements viele Begriffe gibt, die in der Praxis mit unterschiedlicher Bedeutung verwendet werden, enthält dieses Buch ein Glossar, in dem die im Buch verwendeten Definitionen dieser Begriffe angegeben sind. Im nachfolgenden Text des Buches sind Begriffe immer dann, wenn zum Verständnis die im Glossar angegebene Definition von Bedeutung ist und sie zum ersten Mal in einem Kapitel verwendet werden, gestrichelt unterstrichen.

Verweise auf weiterführende Literatur sind in eckigen Klammern angegeben und werden im Literaturverzeichnis präzisiert.

Ein Modell zum Management von Chancen und Risiken

Risikomanagement ist ein Kernprozess vieler Managementsysteme. Dabei wird diese Bezeichnung oft unter Vernachlässigung des Begriffs Chancen synonym für das Management von <u>Chancen</u> und <u>Risiken</u> verwendet. In der Hauptsache geht es bei einem solchen Prozess nicht um ein passendes Tool, sondern darum, das Zusammenspiel von Rollen, Prozessen und Methoden wie auch angemessenen Steuerungs- und Kontrollmechanismen festzulegen und diese zu etablieren. Abbildung 2 zeigt das schematische Diagramm eines einfachen und in der Praxis bewährten Modells zum Risikomanagement.

Das Dach des als Haus dargestellten Modells bilden die nachfolgend beschriebenen drei Managementebenen einer Organisation [Bleicher 2017].

- **Normatives Management:** Die sogenannte oberste Leitung, durch die Grundsätze, Richtlinien, Leitlinien und Standards festgelegt werden.

- Das **Strategische Management** ist für die Entwicklung und Planung von Vorgehensweisen zuständig, um die Vorgaben des normativen Managements zu erfüllen.

- Das **Operative Management** ist für die praktische Umsetzung der vom Strategischen Management geplanten Vorgehensweisen verantwortlich.

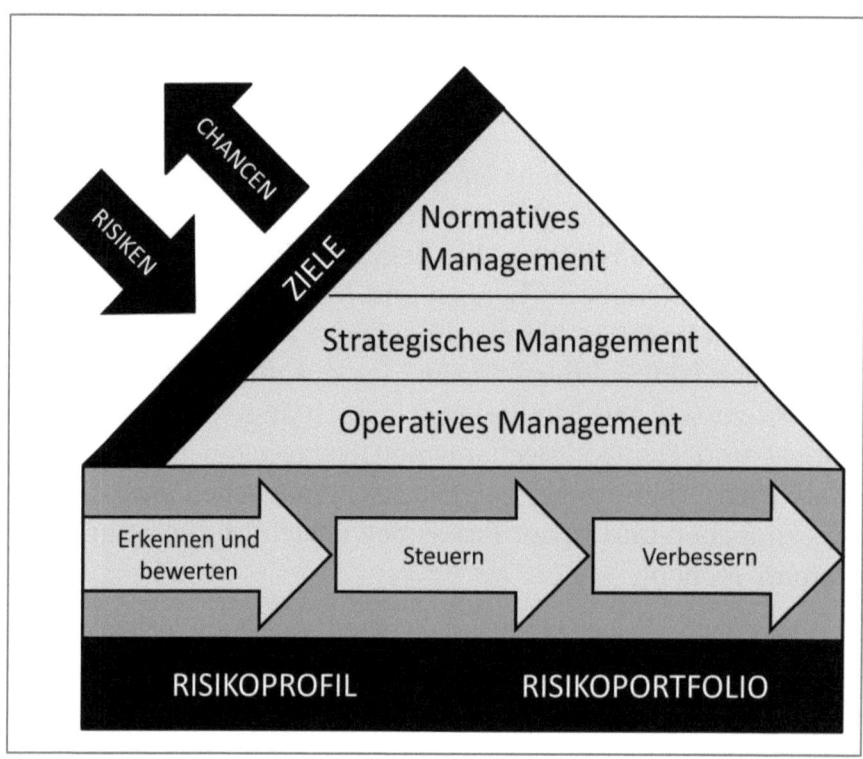

Abbildung 2: Modell zum Management von Chancen und Risiken

Die Organisation und somit alle Managementebenen werden von den gleichen Z̲i̲e̲l̲e̲n̲ getrieben, die wiederum den unterschiedlichsten Einflüssen – Chancen und Risiken – ausgesetzt sind. Je nach Kontext können dies Unternehmensziele oder auch Ziele sein, die mit einem Projekt verfolgt werden.

Unter der Leitung des O̲p̲e̲r̲a̲t̲i̲v̲e̲n̲ ̲M̲a̲n̲a̲g̲e̲m̲e̲n̲t̲s̲ werden diese auf die Ziele wirkenden Chancen und Risiken im Rahmen einer Analyse erkannt und bewertet und anschließend mit Hilfe geeigneter Maßnahmen gesteuert. Angestoßen durch eine Nachbetrachtung, werden möglichst nachhaltige Verbesserungsmaßnahmen identifiziert und ihre Umsetzung, soweit dies ökonomisch sinnvoll und möglich ist, auf den Weg gebracht. Der gesamte Prozess beginnt wieder von vorne und wiederholt sich in regelmäßigen Zyklen.

In diesem Modell stellt das Risikoportfolio die Grundgesamtheit aller Chancen und Risiken hinsichtlich der betrachteten Ziele der Organisation oder eines Vorhabens dar. Demgegenüber ist das Risikoprofil eine Auswahl genau jener Chancen und Risiken, deren Bewertung risikomindernde Maßnahmen oder eine explizite Akzeptanz der Restrisiken durch das Management erforderlich machen. Das Risikoprofil kann in jedem Zyklus erweitert oder reduziert werden und ist immer eine Teilmenge des Risikoportfolios.

Jeder neue Zyklus beginnt zunächst mit der Festlegung von für das IT-Vorhaben wesentlichen Zielen bzw. einer Nachbetrachtung bereits getroffener Festlegungen, anschließend der Identifikation von Einflussgrößen, welche die Zielerreichung bedrohen oder auch begünstigen sowie deren Bewertung bzw. Neubewertung. Mit diesem Prozessschritt „Erkennen und bewerten" beschäftigt sich das folgende Kapitel im Detail.

Risiken erkennen und bewerten

Identifizierung spezifischer Ziele

In der Praxis lassen sich nicht alle möglichen Einflüsse auf ein IT-Vorhaben, beispielsweise ein Entwicklungsprojekt oder den Betrieb eines IT-Systems, permanent kontrollieren. Um Kontrollaktivitäten auf das Wesentliche einschränken zu können ist es zwingend erforderlich, die Ziele zu kennen, die mit dem Vorhaben verfolgt werden. Bei größeren Vorhaben ist das Management von Chancen und Risiken in der Regel nur dann ökonomisch machbar, wenn es sich auf möglichst wenig Ziele fokussieren lässt.

Ziele, die mit einem IT-Vorhaben verfolgt werden, lassen sich häufig in die folgenden allgemeinen Kategorien einordnen:

- Zeit, genauer die Einhaltung vereinbarter Termine

- die Einhaltung eines Budgets oder die Erfüllung konkreter Gewinnerwartungen

- Qualität, genauer die Einhaltung bestimmter Qualitätsmerkmale

Dabei ist die Betrachtung eines Oberbegriffs wie Zeit, Budgeteinhaltung oder Qualität in der Praxis ein zu pauschales Ziel. Termine lassen sich datieren, Gewinnerwartungen quantifizieren. Qualität kann in einzelne Qualitätsmerkmale unterteilt werden. Eine praxisnahe Orientierung für statische Eigenschaften eines IT-Systems (die Produktqualität) wie auch für Aspekte seiner Nutzung (die Nutzungsqualität) gibt die Norm ISO/IEC 25010 [ISO/IEC 25010 2011]. Die verschiedenen in der Norm definierten Qualitätsmerkmale eines IT-Systems sind, ergänzt um zusätzliche Merkmale der Prozess- und der Dienstleistungsqualität, in den Abbildungen 3 bis 5 dargestellt – ohne Anspruch auf Vollständigkeit. Jedes dieser Merkmale kann ein Ziel sein, das mit einem IT-Vorhaben verfolgt wird und eine so große Bedeutung hat, dass Einflüsse auf die Zielerreichung einer besonderen Kontrolle unterzogen werden müssen.

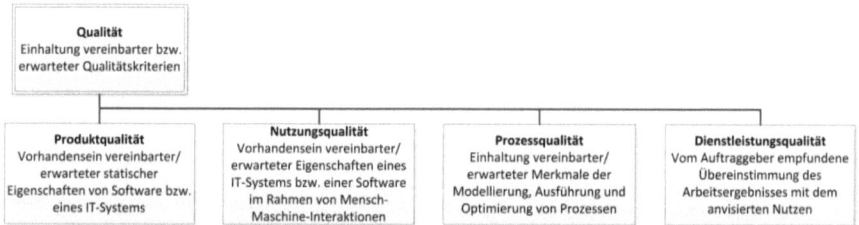

Abbildung 3: Qualitätsmerkmale (Top-Level)

Qualität
Einhaltung vereinbarter bzw.
erwarteter Qualitätskriterien

Produktqualität
Vorhandensein vereinbarter/
erwarteter statischer
Eigenschaften von Software bzw.
eines IT-Systems

Nutzungsqualität
Vorhandensein vereinbarter/
erwarteter Eigenschaften eines
IT-Systems bzw. einer Software
im Rahmen von Mensch-
Maschine-Interaktionen

...

Funktionstauglichkeit
Das Produkt oder System stellt Funktio-
nalität zur Verfügung, durch die explizite
und implizite Anforderungen unter festgelegten Bedingungen erfüllt werden.

Leistungsfähigkeit
Vereinbartes/ erwartetes Verhältnis von
Leistung zu Ressourcenverbrauch unter
festgelegten Bedingungen.

Kompatibilität
Vereinbarter/ erwarteter Grad, in dem ein
Produkt, System oder eine Komponente
Informationen mit anderen Produkten,
Systemen oder Komponenten in einer
gemeinsamen Hardware- oder Software-
Umgebung austauschen kann und/oder
dort die von ihm geforderten Aufgaben
erfüllt.

Benutzbarkeit
Festgelegte Benutzer des Produkts oder
Systems erreichen vorgegebene Ziele in
einem bestimmten Anwendungskontext
effektiv, effizient und zufriedenstellend.

Zuverlässigkeit
Das System, Produkt oder eine Komponente erfüllt die geforderten Aufgaben
unter festgelegten Bedingungen und für
einen festgelegten Zeitraum.

Sicherheit
Das Produkt oder System schützt Informationen und Daten so, dass Personen
sowie andere Produkte oder Systeme
Datenzugriffe nur in dem Ausmaß haben,
das ihrer Art und Berechtigungsstufe
angemessen ist.

Wartbarkeit
Vereinbarter/ erwarteter Grad der Effektivität und Effizienz, mit der das Produkt
oder System von den dafür vorgesehenen
Wartungsmitarbeitern verändert werden
kann.

Übertragbarkeit
Grad der Effektivität und Effizienz, mit der
ein System, Produkt oder eine Komponente von einer Hardware-, Software-
oder sonstigen Betriebs- oder Einsatz-
umgebung in eine andere überführt
werden kann.

Effektivität
Vereinbarte/ erwartete Genauigkeit und
Vollständigkeit, mit der Anwender festge-
legte Ziele erreichen.

Effizienz
Vereinbartes/ erwartetes Verhältnis von
Mitteleinsatz zu Effektivität.

Zufriedenheit
Bedürfnisse der Anwender beim Einsatz
des Produkts oder Systems in einem
festgelegten Kontext werden befriedigt.

Betriebssicherheit
Vereinbarter/ erwarteter Grad, in dem ein
Produkt oder System potenzielle wirtschaftliche sowie Gesundheits-, Sicher-
heits- und Umweltrisiken mindert.

Abdeckung möglicher Nutzungsszenarien
Vereinbarter/ erwarteter Grad, in dem
das Produkt oder System sowohl im ur-
sprünglich geplanten Nutzungskontext als
auch darüber hinaus effektiv, effizient,
frei von Risiken und zufriedenstellend
benutzt werden kann.

Abbildung 4: Qualitätsmerkmale und Untermerkmale (Teil 1)

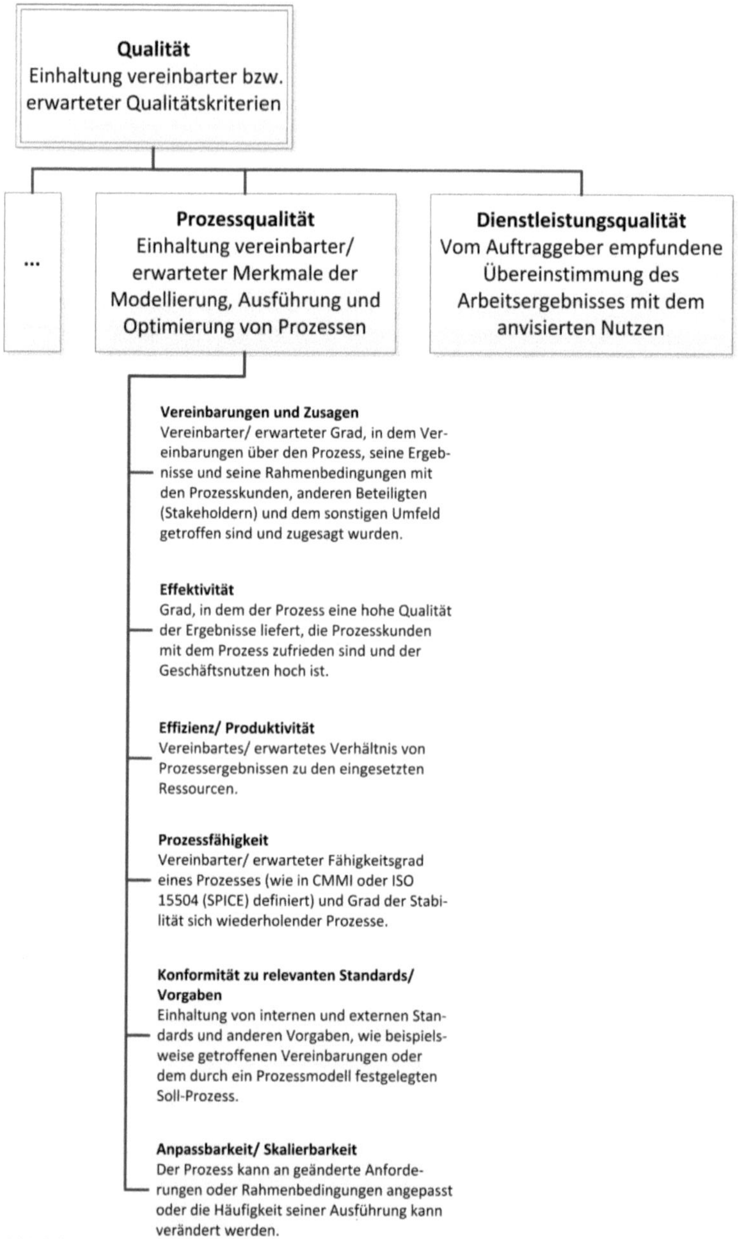

Qualität
Einhaltung vereinbarter bzw. erwarteter Qualitätskriterien

...

Prozessqualität
Einhaltung vereinbarter/ erwarteter Merkmale der Modellierung, Ausführung und Optimierung von Prozessen

Dienstleistungsqualität
Vom Auftraggeber empfundene Übereinstimmung des Arbeitsergebnisses mit dem anvisierten Nutzen

Vereinbarungen und Zusagen
Vereinbarter/ erwarteter Grad, in dem Vereinbarungen über den Prozess, seine Ergebnisse und seine Rahmenbedingungen mit den Prozesskunden, anderen Beteiligten (Stakeholdern) und dem sonstigen Umfeld getroffen sind und zugesagt wurden.

Effektivität
Grad, in dem der Prozess eine hohe Qualität der Ergebnisse liefert, die Prozesskunden mit dem Prozess zufrieden sind und der Geschäftsnutzen hoch ist.

Effizienz/ Produktivität
Vereinbartes/ erwartetes Verhältnis von Prozessergebnissen zu den eingesetzten Ressourcen.

Prozessfähigkeit
Vereinbarter/ erwarteter Fähigkeitsgrad eines Prozesses (wie in CMMI oder ISO 15504 (SPICE) definiert) und Grad der Stabilität sich wiederholender Prozesse.

Konformität zu relevanten Standards/ Vorgaben
Einhaltung von internen und externen Standards und anderen Vorgaben, wie beispielsweise getroffenen Vereinbarungen oder dem durch ein Prozessmodell festgelegten Soll-Prozess.

Anpassbarkeit/ Skalierbarkeit
Der Prozess kann an geänderte Anforderungen oder Rahmenbedingungen angepasst oder die Häufigkeit seiner Ausführung kann verändert werden.

Abbildung 5: Qualitätsmerkmale und Untermerkmale (Teil 2)

Eine ähnliche Empfehlung kann hinsichtlich der Zielkategorie Informationssicherheit gegeben werden. Für diesen Bereich gibt der Standard ISO/IEC 27001 [ISO/IEC 27001 2015] eine gute Orientierung hinsichtlich möglicher Ziele:

Informationssicherheit
Einhaltung vereinbarter bzw. erwarteter Sicherheitskriterien

Konformität des ISMS
Konformität des Informationssicherheitsmanagementsystems gegenüber dem vereinbarten Standard (z.B. ISO/IEC 27001).

Informationssicherheitsrichtlinien
Richtungsvorgabe und Unterstützung des Managements bei der Informationssicherheit, in Übereinstimmung mit Geschäftsanforderungen und geltenden Gesetzen und Regelungen.

Physische und umgebungsbezogene Sicherheit
Verlust, Beschädigung, Diebstahl und Kompromittierung von organisationseigenen Werten (Assets) und Unterbrechung der Aktivitäten einer Organisation werden verhindert.

Kryptographie
Die angemessene und wirksame Anwendung der Kryptographie zum Schutz der Vertraulichkeit, Integrität und Authentizität von Informationen ist sichergestellt.

Kommunikationssicherheit
Der Schutz von Informationen in Netzen und ihrer informationsverarbeitenden Einrichtungen ist sichergestellt.

Lieferantenbeziehungen
Organisationseigene Werte, die für Lieferanten zugänglich sind, sind geschützt.

BCM-Aspekte der Organisation
Die Verfügbarkeit informationsverarbeitender Einrichtungen ist sichergestellt. Die Kontinuität der Informationssicherheit ist in den BCM-Systemen der Organisation verankert.

Organisation der Informationssicherheit
Die Rahmenbedingungen der Implementierung und Anwendung von Informationssicherheit innerhalb der Organisation sind wirksam und werden kontrolliert.

Personelle Sicherheit
Angestellte und Auftragnehmer verstehen ihre Verantwortlichkeiten, sind für die vorgesehenen Aufgaben geeignet, sind sich ihrer Verantwortungen im Kontext der Informationssicherheit bewusst und erfüllen diese.

Zugangskontrolle
Befugten Benutzern wird der Zugang zu Informationen und informationsverarbeitenden Einrichtungen gesichert und Unbefugten wird er verhindert. Benutzer sind verantwortlich für den Schutz ihrer Zugangsdaten.

Management von Assets
Organisationseigene Werte sind identifiziert und Verantwortlichkeiten zum angemessenen Schutz festgelegt. Nicht autorisierte Kenntnisnahme, Änderung, Entfernung oder Zerstörung von Informationen, die auf Datenträgern gespeichert sind, werden wirksam verhindert.

Betriebssicherheit
Ein korrekter und sicherer Betrieb der informationsverarbeitenden Einrichtungen ist sichergestellt.

Beschaffung, Entwicklung und Wartung
Informationssicherheit ist während des gesamten Lebenszyklus von Informationssystemen integraler Bestandteil, wird konzipiert und umgesetzt.

Management von Informationssicherheitsvorfällen
Ein einheitlicher und effektiver Ansatz für den Umgang mit Informationssicherheitsvorfällen ist sichergestellt, der auch die Kommunikation von Sicherheitsvorfällen und Schwachstellen beinhaltet.

Einhaltung von Vorgaben (Compliance)
Verstöße gegen gesetzliche, amtliche oder vertragliche Verpflichtungen werden vermieden. Informationssicherheit wird in Übereinstimmung mit den Richtlinien und Verfahren der Organisation umgesetzt und angewendet.

Abbildung 6: Ziele der Informationssicherheit

Neben der Identifizierung eines Ziels (genau genommen handelt es sich dabei nur um den Ziel-Typ) ist noch seine spezifische Ausprägung im jeweiligen IT-Vorhaben zu betrachten. Nachfolgend sind drei Beispiele aus der Praxis aufgeführt (Platzhalter für vorhabenspezifische Daten sind in geschweiften Klammern angegeben):

- Ziel: „Vereinbarter Termin" → Spezifische Ausprägung (Beispiel): „Liefertermin für {Artefakt} am {Lieferdatum}"

- Ziel: „Funktionstauglichkeit" → Spezifische Ausprägung (Beispiel): „Einhaltung der funktionalen Anforderungen aus {direkter Verweis auf das Fachkonzept bzw. das Pflichtenheft}"

- Ziel: „Effizienz bzw. Belastbarkeit/ Leistungsfähigkeit" → Spezifische Ausprägung (Beispiel): „Einhaltung der Lastparameter aus {direkter Verweis auf die Anforderungsspezifikation bzw. das Lastenheft}"

Durch eine solche Präzisierung des Ziel-Typs in Richtung der für das Vorhaben spezifischen Ausprägung ergibt sich ein spezifisches Ziel.

Häufig beobachtet man, dass Organisationen ihre spezifischen Ziele planen, umsetzen, kontrollieren und steuern, dabei jedoch die Betrachtung von Einflüssen, welche die Zielerreichung gefährden oder begünstigen können, vernachlässigen. Analog dem Beispiel aus der Einleitung haben sie nur starr den direkten Weg zum Ziel im Blick und verlieren Einflüsse aus den Augen, die sie vom direkten Weg abbringen können.

Analyse der Einflussgrößen

Sind die spezifischen Ziele eines IT-Vorhabens identifiziert, ist der nächste Schritt - für jedes dieser Ziele - eine Analyse der Einflüsse auf die Zielerreichung. Ist eine Einflussgröße in der Lage, die Zielerreichung zu gefährden, bezeichnet man sie als ein Risiko. Kann sie demgegenüber das Erreichen eines Ziels begünstigen, so spricht man von einer Chance. Auch wenn der Begriff Risikomanagement weit verbreitet ist, so geht es dabei stets um beides: das Vermeiden von Bedrohungen und das Fördern von Chancen.

Ein Hilfsmittel zur Visualisierung der maßgeblichen Einflussgrößen auf ein Ziel ist das Ursache-Wirkungs-Diagramm. Abbildung 7 zeigt den prinzipiellen Aufbau eines für Zwecke der Risikoanalyse gegenüber dem Standard modifizierten Diagramms. Seine Basis ist ein horizontaler, nach rechts gerichteter Pfeil, an dessen Spitze das Ziel steht, das mit einem Vorhaben erreicht werden soll. Schräg auf diesen Pfeil stoßen Pfeile der Haupteinflussgrößen. Ein Pfeil in Richtung des Zielpfeils hat die Bedeutung „trägt zur Zielerreichung bei". Auf die Pfeile der Haupteinflussgrößen stoßen nun Pfeile aller Einflüsse, die eine Auswirkung auf die Zielerreichung in diesem Bereich haben. Ein Pfeil, der in Richtung des Ziels zeigt, steht für eine Chance, ein Pfeil, der davon weg gerichtet ist, steht für eine Bedrohung bzw. ein Risiko.

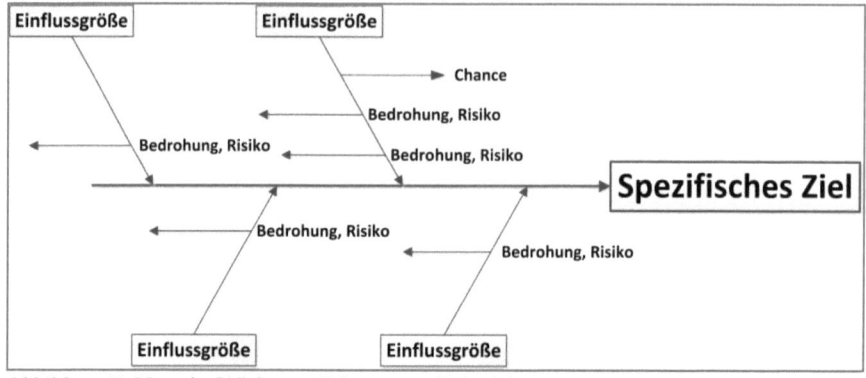

Abbildung 7: Ursache-Wirkungs-Diagramm (Prinzip)

Abbildung 8 zeigt das Beispiel eines Ursache-Wirkungs-Diagramms für das Ziel eines IT-Projekts, den vereinbarten Liefertermin für ein bestimmtes Artefakt, beispielsweise das nächste Release einer Anwendung, einzuhalten. Auf die Termineinhaltung haben (ohne Anspruch auf Vollständigkeit) das Anforderungsmanagement, die Spezifikation, das Entwicklungsteam und die QS-Prozesse entscheidenden Einfluss. Charakteristisch für eine solche Betrachtung ist, dass es selten gelingt, alle möglichen Einflussgrößen zu identifizieren und darzustellen, durch einen solchen Anspruch jedoch auch der Aufwand zum Risikomanagement unverhältnismäßig steigen würde. Empfehlenswert ist eine Fokussierung auf solche Einflussgrößen, die besonders kritisch erscheinen und auf die das Vorhaben bzw. seine Verantwortlichen selbst einwirken können.

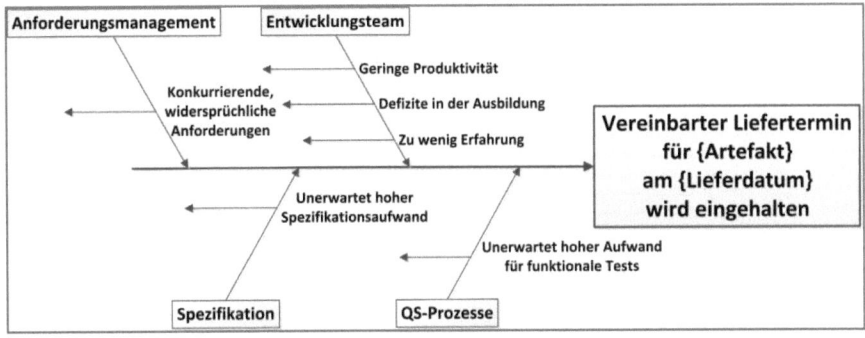

Abbildung 8: Ursache-Wirkungs-Diagramm (Beispiel 1)

Das Diagramm in Abbildung 8 zeigt, dass schon im Bereich des Anforderungsmanagements konkurrierende, widersprüchliche Anforderungen den vereinbarten Termin gefährden können. In diesem Fallbeispiel wurden weitere Risiken in diesem Bereich als so unwahrscheinlich eingestuft, dass sie nicht aufgeführt sind. Dies bedeutet keinesfalls, dass es in diesem Kontext keine weiteren Bedrohungen gibt. Ändert sich die Bedrohungslage oder die eigene Einschätzung, könnte es bei einer späteren Analyse erforderlich werden, zusätzliche Risiken in die Betrachtung aufzunehmen, beispielsweise „Anzahl der Anforderungen ist für den Zeitraum bis zum Liefertermin zu groß".

Abbildung 8 zeigt ferner, dass der Liefertermin auch durch einen unerwartet hohen Spezifikationsaufwand, durch eine zu geringe Produktivität, Ausbildungsdefizite oder zu wenig Erfahrung des Entwicklungsteams bzw. durch einen unerwartet hohen Aufwand für funktionale Tests gefährdet werden kann. Aus Sicht der Ersteller dieser Analyse sind dies die wesentlichen Einflüsse auf das Erreichen des spezifischen Ziels.

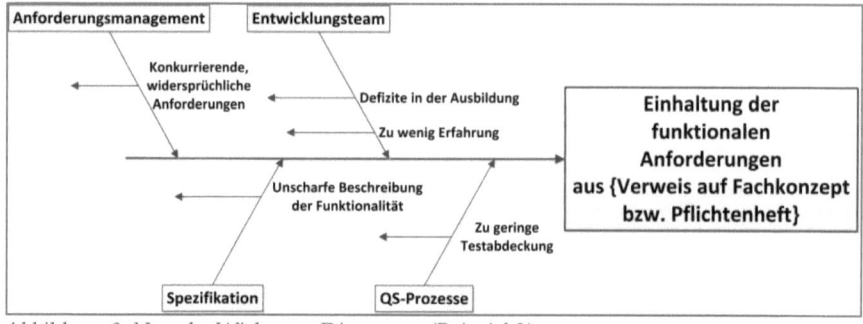

Abbildung 9: Ursache-Wirkungs-Diagramm (Beispiel 2)

Abbildungen 9 und 10 zeigen ähnliche Ursache-Wirkungs-Diagramme für andere Ziele des IT-Projekts. Dabei geht es um die Funktionstauglichkeit und die Belastbarkeit/ Leistungsfähigkeit des zu erstellenden Systems – jeweils mit Bezug zu präzise beschriebenen und vereinbarten Anforderungen. Auch die in den Diagrammen angegebenen Einflussgrößen sind nicht als allgemeine Einflüsse zu verstehen, sondern es sind die für das betrachtete IT-Vorhaben konkreten Einflussgrößen gemeint, d.h. das in genau diesem Projekt praktizierte Anforderungsmanagement, das dort eingesetzte Entwicklungsteam, die Spezifikation des geplanten Systems und die in genau diesem Vorhaben geplanten QS-Prozesse.

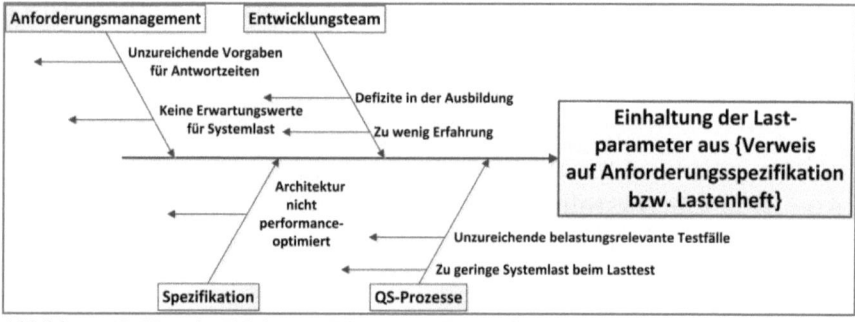

Abbildung 10: Ursache-Wirkungs-Diagramm (Beispiel 3)

Die Darstellung der Ursache-Wirkungs-Zusammenhänge in einem Diagramm des hier verwendeten Typs ist ein Hilfsmittel bei der Analyse, das auch ohne Einschränkungen durch eine Baum- oder Listen-Darstellung ersetzt werden kann. Oft sind in der Praxis die Kausalbeziehungen ohnehin komplexer, als dies in einem Diagramm überhaupt dargestellt werden kann. So ist es beispielsweise schwierig, durch ein Diagramm Wechselwirkungen oder Abhängigkeiten zwischen verschiedenen Einflussgrößen zu visualisieren. Im Allgemeinen wird man gezwungen sein, solche ergänzenden Informationen mit Hilfe von zusätzlichem Text festzuhalten, damit sie bei der Planung von Maßnahmen präsent sind und berücksichtigt werden können.

Unabhängig von der Methode und der Art der Visualisierung ist das Ergebnis der Ursache-Wirkungs-Analyse für jedes spezifische Ziel eine Menge von Haupteinflussgrößen und für jede Haupteinflussgröße eine Menge von Einflüssen, die nicht zu vernachlässigen sind und die Zielerreichung bedrohen (dann bezeichnet man die Einflüsse als Risiken) oder begünstigen (dann spricht man von Chancen). Dies ist die Basis für das Risikoportfolio, die Grundgesamtheit aller Chancen und Risiken des betrachteten IT-Vorhabens. Abbildung 11 zeigt das Risikoportfolio für die zuvor dargestellten Ursache-Wirkungs-Analysen der drei beispielhaft verwendeten Ziele – als Basis für ihre anschließende Bewertung.

SPEZIFISCHES ZIEL	EINFLUSSGRÖSSE	BEDROHUNGEN, RISIKEN
Vereinbarter Liefertermin für {Artefakt} am {Lieferdatum} wird eingehalten		
	Anforderungsmanagement	Konkurrierende, widersprüchliche Anforderungen
	Spezifikation	Unerwartet hoher Spezifikationsaufwand
	Entwicklungsteam	Geringe Produktivität
		Defizite in der Ausbildung
		Zu wenig Erfahrung
	QS-Prozesse	Unerwartet hoher Aufwand für funktionale Tests
Einhaltung der funktionalen Anforderungen aus {Verweis auf Fachkonzept bzw. Pflichtenheft}		
	Anforderungsmanagement	Konkurrierende, widersprüchliche Anforderungen
	Spezifikation	Unscharfe Beschreibung der Funktionalität
	Entwicklungsteam	Defizite in der Ausbildung
		Zu wenig Erfahrung
	QS-Prozesse	Zu geringe Testabdeckung
Einhaltung der Lastparameter aus {Verweis auf Anforderungsspezifikation bzw. Lastenheft}		
	Anforderungsmanagement	Unzureichende Vorgaben für Antwortzeiten
		Keine Erwartungswerte für Systemlast
	Spezifikation	Architektur nicht permance-optimiert
	Entwicklungsteam	Defizite in der Ausbildung
		Zu wenig Erfahrung
	QS-Prozesse	Unzureichende belastungsrelevante Testfälle
		Zu geringe Systemlast beim Lasttest

Abbildung 11: Noch nicht bewertetes Risikoportfolio (Beispiel)

Ähnlich diesem Beispiel werden in der Praxis zunächst meist ausschließlich Risiken und keine Chancen identifiziert und in die tabellarische Darstellung des Risikoportfolios übernommen. Der Hauptgrund dafür ist, dass sich Chancen meist analytischen Methoden entziehen und sie daher erst dann wieder Berücksichtigung finden, wenn es im Prozessschritt Steuern um die Durchführung von Maßnahmen geht. Dabei handelt es sich stets um Maßnahmen, welche die Zielerreichung direkt begünstigen und nicht etwa indirekt durch die Minderung einer Bedrohung.

Betrachtet man das Risikoportfolio als eine Menge von Bäumen, bei denen jedes Ziel eine Wurzel, Einflussgrößen die Zweige und Risiken die Blätter am Ende der Zweige sind, so beginnt die Bewertung bei den Blättern und führt von dort bis zur jeweiligen Wurzel, d.h. einem spezifischen Ziel.

Quantifizierung und Bewertung von Risiken

Zustände oder Ereignisse, welche das Erreichen eines angestrebten spezifischen Ziels bedrohen, können in zwei Dimensionen quantifiziert werden. Der wichtigste Parameter ist ihre Eintrittswahrscheinlichkeit, d.h. die Wahrscheinlichkeit, mit der ein Zustand erreicht wird oder ein Ereignis eintritt, durch den das Erreichen des Ziels verhindert wird. Eine Eintrittswahrscheinlichkeit von 5 % bedeutet somit, dass ein Schadensereignis in einem von 20 in einem festgelegten Zeitraum betrachteten Fällen das Erreichen des Ziels verhindert. Der Wertebereich liegt für Eintrittswahrscheinlichkeiten zwischen 0 % (nicht möglich) und 100 % (eingetreten). Aus Gründen der Praktikabilität sollte dieser Wertebereich auf eine drei- oder vierstufige Skala transformiert werden, wie sie Abbildung 12 beispielhaft zeigt.

Wertebereich	Umschreibung	Klasse
(0% … 1%)	Es ist sehr unwahrscheinlich, dass das Ereignis im Zeitraum eines Jahres einmal auftritt.	Niedrig
[1% … 5%)	Es ist nicht auszuschließen, dass das Ereignis im Zeitraum eines Jahres einmal auftritt.	Mittel
[5% … 100%)	Es ist davon auszugehen, dass das Ereignis in einem Jahr ein- oder mehrmals auftritt.	Hoch

Abbildung 12: Klassen zur Bewertung der Eintrittswahrscheinlichkeit (Beispiel)

In der IT sind Klassen wie „niedrig", „mittel" und „hoch" meist ausreichend und leichter verständlich als ohnehin schwer einzuschätzende Prozentwerte für Wahrscheinlichkeiten. Wichtig ist lediglich, dass es eine möglichst realitätsnahe und auf die Praxis anwendbare Umschreibung der zu schätzenden Klassen gibt und sich alle Schätzer daran orientieren.

Der zweite mögliche Parameter ist die Häufigkeit eines wiederkehrenden Zustands bzw. Ereignisses, durch den das

Erreichen des Ziels gefährdet wird. Diese Angabe ist nur sinn-voll bei IT-Vorhaben, die aufgrund ihrer Laufzeit anfällig für zyklische Bedrohungen sind, beispielsweise ein Stromausfall im Rechenzentrum, der im Durchschnitt einmal monatlich ein-tritt.

Häufigkeit des Schadens	Klasse
Nicht oder einmal pro Jahr (wiederkehrend)	A
Einmal pro Monat (wiederkehrend)	B
Einmal pro Tag (wiederkehrend)	C

Abbildung 13: Klassen zur Bewertung der Schadenshäufigkeit (Beispiel)

Auch für die Bewertung wiederkehrender Zustände oder Ereignisse ist in der IT meist eine einfache Skala mit drei bis vier Klassen ausreichend, wie sie Abbildung 13 beispielhaft zeigt.

Quantifizierung und Bewertung spezifischer Ziele

Die Bewertung spezifischer Ziele orientiert sich üblicher-weise an dem Schaden, der bei Nicht-Erreichen eines Ziels ent-steht. Dabei hat ein Schaden in der Regel nicht nur monetäre Aspekte, sondern kann auch die Wahrnehmung durch Kun-den beeinträchtigen, auch durch nicht direkt betroffene Kun-den, oder das öffentliche Ansehen der Organisation. Außer-dem können die Auswirkungen von Gesetzesverstößen eine Rolle spielen. Abbildung 14 zeigt eine beispielhafte Skala für die Bewertung des Schadens in drei Klassen, bei welcher der monetäre Schaden, der Schaden bezüglich eigener Kunden, der Reputationsschaden und der Schaden aufgrund von Ge-setzesverstößen unabhängig voneinander bewertet wird und die schlechteste Bewertung davon das Gesamtergebnis bestimmt. Liegt zum Beispiel ein Gesetzesverstoß mit strafrechtlicher Relevanz vor, so ist das Ergebnis nach dieser Skala immer eine Einstufung in die höchste Schadensklasse, unabhängig davon, welcher monetäre Schaden entstanden ist oder wie viele Kunden gekündigt haben.

	Kriterien für Klasse		
	Niedrig	**Mittel**	**Hoch**
Monetär	Weniger als xx Euro	Weniger als xxx Euro	Mehr als xxx Euro
Kunden	Geringe Kundenauswirkung (Kündigungsquote unter x%)	Mittlere Kundenauswirkung (Kündigungsquote zwischen x% und xx%)	Hohe Kundenauswirkung (Kündigungsquote über xx%)
Reputation	Geringe öffentliche Wahrnehmung (lokal)	Mittlere öffentliche Wahrnehmung (regional)	Hohe öffentliche Wahrnehmung (überregional)
Gesetze	Keine Verstöße	Verstöße ohne strafrechtliche Relevanz	Verstöße mit strafrechtlicher Relevanz

Abbildung 14: Klassen zur Bewertung der Schadenshöhe (Beispiel)

Die Bewertung eines spezifischen Ziels hinsichtlich der Notwendigkeit für die Ergreifung von Maßnahmen ist erst dann vollständig, wenn der Schaden, der durch sein Nicht-Erreichen entstehen kann, in Relation zu seiner Wahrscheinlichkeit und gegebenenfalls auch zur Häufigkeit betrachtet werden kann. Diese Einschätzung wird als das Risikoniveau eines Ziels bezeichnet. Auch hier hat sich in der IT die Verwendung einer einfachen Skala bewährt. Abbildung 15 zeigt das Beispiel einer Skala zur Ermittlung der Risikoklasse eines Ziels, dargestellt durch Ampelfarben und auf Basis der Parameter Eintrittswahrscheinlichkeit, Häufigkeit und Schadensklasse. Da das Erreichen eines Ziels normalerweise durch mehr als ein Risiko bedroht wird, sind bei einer Betrachtung des Ziels die höchste Eintrittswahrscheinlichkeit und die größte Häufigkeit aller Risiken zu berücksichtigen.

Häufigkeit		Schadensklasse		
		Niedrig	Mittel	Hoch
Niedrig	A	Grün	Gelb	Gelb
Mittel	A	Gelb	Gelb	Rot
Hoch	A	Gelb	Rot	Rot
beliebig	B	Gelb	Rot	Rot
beliebig	C	Rot	Rot	Rot

Abbildung 15: Matrix zur Ermittlung der Risikoklasse eines Ziels (Beispiel 1)

Handelt es sich um eine Art von IT-Vorhaben, bei der aufgrund der kurzen Laufzeit eine Betrachtung wiederkehrender Zustände oder Ereignisse nicht von Bedeutung ist, so kann die Skala wie in Abbildung 16 dargestellt vereinfacht werden.

	Schadensklasse		
	Niedrig	Mittel	Hoch
Niedrig	Grün	Gelb	Gelb
Mittel	Gelb	Gelb	Rot
Hoch	Gelb	Rot	Rot

Abbildung 16: Matrix zur Ermittlung der Risikoklasse eines Ziels (Beispiel 2)

Abbildung 17 zeigt das im vorhergehenden Kapitel auf Basis von Ursache-Wirkungs-Analysen erstellte Risikoportfolio mit exemplarischen Bewertungen für die Eintrittswahrscheinlichkeiten der einzelnen Risiken und die Schadens- und Risikoklassen der Ziele entsprechend den in diesem Kapitel vorgestellten Skalen. Dabei wurde der Schaden beim Nicht-Erreichen des Ziels „Vereinbarter Liefertermin für {Artefakt} am {Lieferdatum} wird eingehalten" als hoch bewertet und die Bedrohungen dieses Ziels mit teils niedriger, teils mittlerer Eintrittswahrscheinlichkeit. Wie in Abbildung 18 dargestellt ergibt sich unter Verwendung der Matrix aus Abbildung 16 somit die Risikoklasse Rot. Bei den anderen beiden Zielen wird der mögliche Schaden als mittel eingestuft. Da beide Ziele jedoch durch mindestens eine Einflussgröße mit hoher Eintrittswahrscheinlichkeit gefährdet werden, ergibt sich auch für sie aufgrund der Matrix aus Abbildung 16 die Risikoklasse Rot (siehe Abbildung 19).

SPEZIFISCHES ZIEL	EINFLUSSGRÖSSE	BEDROHUNGEN, RISIKEN	WAHRSCHEIN-LICHKEIT	SCHADEN	KLASSE
Vereinbarter Liefertermin für {Artefakt} am {Lieferdatum} wird eingehalten				Hoch	ROT
	Anforderungsmanagement	Konkurrierende, widersprüchliche Anforderungen	Mittel		
	Spezifikation	Unerwartet hoher Spezifikationsaufwand	Mittel		
	Entwicklungsteam	Geringe Produktivität	Mittel		
		Defizite in der Ausbildung	Niedrig		
		Zu wenig Erfahrung	Niedrig		
	QS-Prozesse	Unerwartet hoher Aufwand für funktionale Tests	Mittel		
Einhaltung der funktionalen Anforderungen aus {Verweis auf Fachkonzept bzw. Pflichtenheft}				Mittel	ROT
	Anforderungsmanagement	Konkurrierende, widersprüchliche Anforderungen	Mittel		
	Spezifikation	Unscharfe Beschreibung der Funktionalität	Hoch		
	Entwicklungsteam	Defizite in der Ausbildung	Niedrig		
		Zu wenig Erfahrung	Niedrig		
	QS-Prozesse	Zu geringe Testabdeckung	Mittel		
Einhaltung der Lastparameter aus {Verweis auf Anforderungsspezifikation bzw. Lastenheft}				Mittel	ROT
	Anforderungsmanagement	Unzureichende Vorgaben für Antwortzeiten	Hoch		
		Keine Erwartungswerte für Systemlast	Mittel		
	Spezifikation	Architektur nicht permance-optimiert	Niedrig		
	Entwicklungsteam	Defizite in der Ausbildung	Niedrig		
		Zu wenig Erfahrung	Niedrig		
	QS-Prozesse	Unzureichende belastungsrelevante Testfälle	Mittel		
		Zu geringe Systemlast beim Lasttest	Mittel		

Abbildung 17: Bewertetes Risikoportfolio (Beispiel)

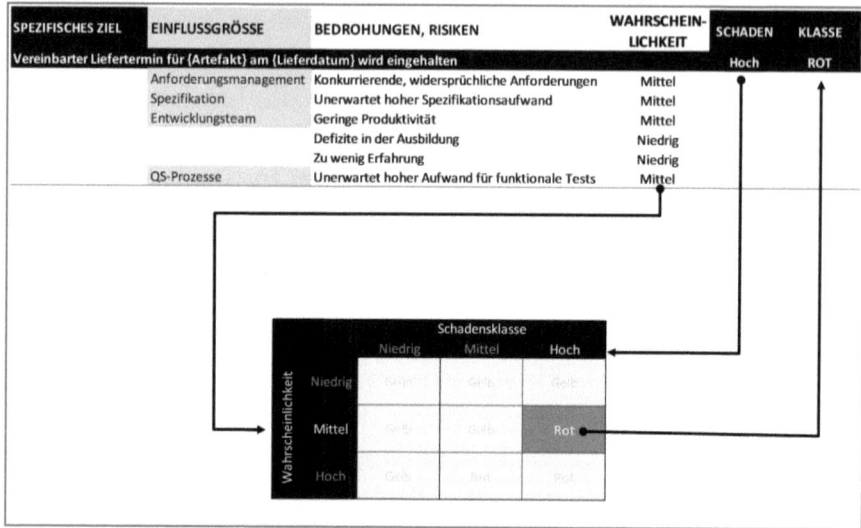

SPEZIFISCHES ZIEL	EINFLUSSGRÖSSE	BEDROHUNGEN, RISIKEN	WAHRSCHEIN-LICHKEIT	SCHADEN	KLASSE
Vereinbarter Liefertermin für {Artefakt} am {Lieferdatum} wird eingehalten				Hoch	ROT
	Anforderungsmanagement	Konkurrierende, widersprüchliche Anforderungen	Mittel		
	Spezifikation	Unerwartet hoher Spezifikationsaufwand	Mittel		
	Entwicklungsteam	Geringe Produktivität	Mittel		
		Defizite in der Ausbildung	Niedrig		
		Zu wenig Erfahrung	Niedrig		
	QS-Prozesse	Unerwartet hoher Aufwand für funktionale Tests	Mittel		

Abbildung 18: Ermittlung der Risikoklasse (Beispiel 1)

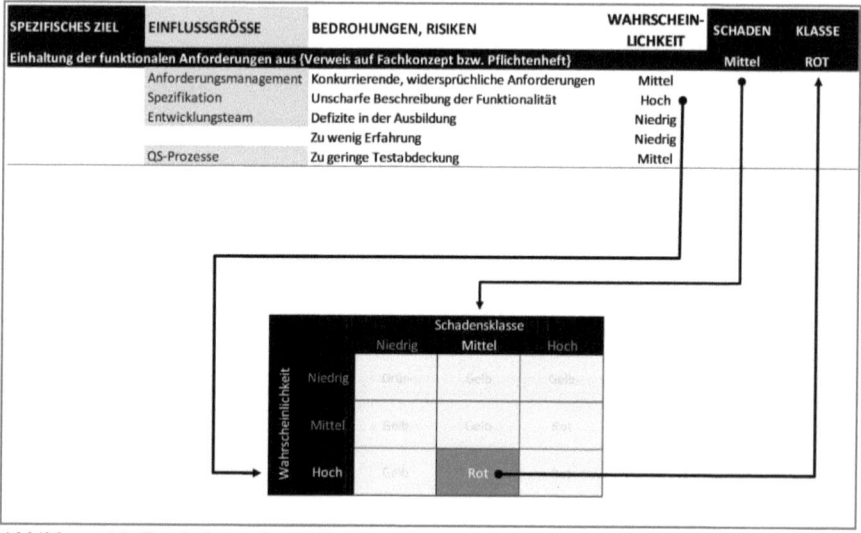

SPEZIFISCHES ZIEL	EINFLUSSGRÖSSE	BEDROHUNGEN, RISIKEN	WAHRSCHEIN-LICHKEIT	SCHADEN	KLASSE
Einhaltung der funktionalen Anforderungen aus {Verweis auf Fachkonzept bzw. Pflichtenheft}				Mittel	ROT
	Anforderungsmanagement	Konkurrierende, widersprüchliche Anforderungen	Mittel		
	Spezifikation	Unscharfe Beschreibung der Funktionalität	Hoch		
	Entwicklungsteam	Defizite in der Ausbildung	Niedrig		
		Zu wenig Erfahrung	Niedrig		
	QS-Prozesse	Zu geringe Testabdeckung	Mittel		

Abbildung 19: Ermittlung der Risikoklasse (Beispiel 2)

Die für ein angestrebtes Ziel ermittelte Risikoklasse ist stets auch ein Maß für die erforderliche Aufmerksamkeit des Managements. In dem zuvor beschriebenen Beispiel steht somit Risikoklasse Rot für die Notwendigkeit zur allerhöchsten Management Attention.

Fokussierung auf das Risikoprofil

Es ist charakteristisch für das in diesem Buch vorgestellte Modell, dass in jedem Zyklus des Risikomanagement-Prozesses zunächst die Grundgesamtheit aller Bedrohungen der ausgewählten Ziele überprüft und bei Bedarf aktualisiert wird. Dabei können selbstverständlich auch bisher betrachtete Risiken entfernt werden, wenn ihre Eintrittswahrscheinlichkeit zu gering geworden ist und sie somit keine Relevanz mehr haben. Demgegenüber können jedoch auch neue Risiken hinzugefügt werden, die möglicherweise erst in diesem Zyklus erkannt wurden oder deren Eintrittswahrscheinlichkeit aufgrund unerwarteter Entwicklungen oder Ereignisse gestiegen ist. Im Nachgang nach dieser Inventarisierung der Risiken ist ihre im vorhergehenden Kapitel beschriebene Quantifizierung und Bewertung von entscheidender Bedeutung, da sie der Schlüssel zur Fokussierung aller folgenden Aktivitäten ist. Diese Fokussierung wiederum ist die notwendige Grundlage für eine angemessene Kosten/Nutzen-Relation des Risikomanagements in einem IT-Vorhaben.

Methodisch bedeutet die Fokussierung des Risikomanagements, dass nur noch eine Teilmenge des im jeweiligen Zyklus aktualisierten Risikoportfolios weiter betrachtet wird. Im beschriebenen Modell wird diese Teilmenge als Risikoprofil bezeichnet. Sie ist die Grundlage für alle weiteren Maßnahmen zur Risikobehandlung und Steuerung, die im nächsten Kapitel beschrieben sind. Dabei ist eine wichtige Anforderung, die auch von Normen und Standards zum Risikomanagement gefordert wird, dass diese Auswahl einer Teilmenge der Grundgesamtheit nicht zufällig oder willkürlich, sondern nach festgelegten, vom Management akzeptierten Regeln erfolgt, deren Anwendung nachvollziehbar ist. Möglich ist die Festlegung von Schwellenwerten für die Eintrittswahrscheinlichkeit oder Häufigkeit, auch in Kombination mit der Schadensklasse des jeweiligen Ziels.

Bei der technischen Umsetzung liegt es nahe, Risikoportfolio und Risikoprofil nicht durch zwei getrennte Listen oder Datentabellen zu realisieren, sondern das Risikoprofil als eine eingeschränkte Sicht auf das Risikoportfolio umzusetzen. Sind die Regeln für die Berücksichtigung von Einträgen des Risikoportfolios im Risikoprofil definiert, können diese, je nach verwendeter Technik, als Filter oder Abfragekriterium implementiert werden. Bei der Anwendung des Risikomanagements in der IT sind den Beteiligten in der Regel technische Hilfsmittel bekannt, die helfen, das Kosten/Nutzen-Verhältnis für seine praktische Anwendung günstig zu beeinflussen.

SPEZIFISCHES ZIEL	EINFLUSSGRÖSSE	BEDROHUNGEN, RISIKEN	WAHRSCHEIN-LICHKEIT	SCHADEN	KLASSE
Vereinbarter Liefertermin für (Artefakt) am (Lieferdatum) wird eingehalten				Hoch	ROT
	Anforderungsmanagement	Konkurrierende, widersprüchliche Anforderungen	Mittel		
	Spezifikation	Unerwartet hoher Spezifikationsaufwand	Mittel		
	Entwicklungsteam	Geringe Produktivität	Mittel		
		Defizite in der Ausbildung	Niedrig		
		Zu wenig Erfahrung	Niedrig		
	QS-Prozesse	Unerwartet hoher Aufwand für funktionale Tests	Mittel		
Einhaltung der funktionalen Anforderungen aus (Verweis auf Fachkonzept bzw. Pflichtenheft)				Mittel	ROT
	Anforderungsmanagement	Konkurrierende, widersprüchliche Anforderungen	Mittel		
	Spezifikation	Unscharfe Beschreibung der Funktionalität	Hoch		
	Entwicklungsteam	Defizite in der Ausbildung	Niedrig		
		Zu wenig Erfahrung	Niedrig		
	QS-Prozesse	Zu geringe Testabdeckung	Mittel		
Einhaltung der Lastparameter aus (Verweis auf Anforderungsspezifikation bzw. Lastenheft)				Mittel	ROT
	Anforderungsmanagement	Unzureichende Vorgaben für Antwortzeiten	Hoch		
		Keine Erwartungswerte für Systemlast	Mittel		
	Spezifikation	Architektur nicht permance-optimiert	Niedrig		
	Entwicklungsteam	Defizite in der Ausbildung	Niedrig		
		Zu wenig Erfahrung	Niedrig		
	QS-Prozesse	Unzureichende belastungsrelevante Testfälle	Mittel		
		Zu geringe Systemlast beim Lasttest	Mittel		

Abbildung 20: Risikoprofil als Teilmenge des Risikoportfolios (Beispiel)

In Abbildung 20 wird das in diesem Kapitel entwickelte Beispiel eines Risikoportfolios zu einem Risikoprofil reduziert. Das Kriterium, das dabei angewendet wird, ist, dass nur solche Bedrohungen einer weiteren Betrachtung unterzogen werden, die gemäß der in Abbildung 17 dargestellten beispielhaften Bewertung ihrer Eintrittswahrscheinlichkeit zur Klasse Rot führen, was sich aus der Schadensklasse des jeweiligen Ziels und der Eintrittswahrscheinlichkeit der Bedrohung ergibt. Gemäß der Matrix in Abbildung 16 handelt es sich bei Zielen mit der Schadensklasse Hoch daher um alle Bedrohungen mit mittlerer oder hoher Eintrittswahrscheinlichkeit, bei Zielen mit der Schadensklasse Mittel nur um solche mit hoher Eintrittswahrscheinlichkeit. Nur jene Risiken, die in Abbildung 20 in schwarzer, dunkler Schrift dargestellt wurden, stellen somit für den betrachteten Zyklus das Risikoprofil dar und werden bei weiteren Aktivitäten zur Steuerung berücksichtigt, wie sie im nächsten Kapitel beschrieben werden.

Risiken steuern

D ie nachfolgenden Erläuterungen des Prozessschritts „Steuern" basieren auf dem beispielhaften Risikopro-fil des IT-Vorhabens, das im vorhergehenden Kapitel zum Prozessschritt „Erkennen und Bewerten" vorgestellt wurde.

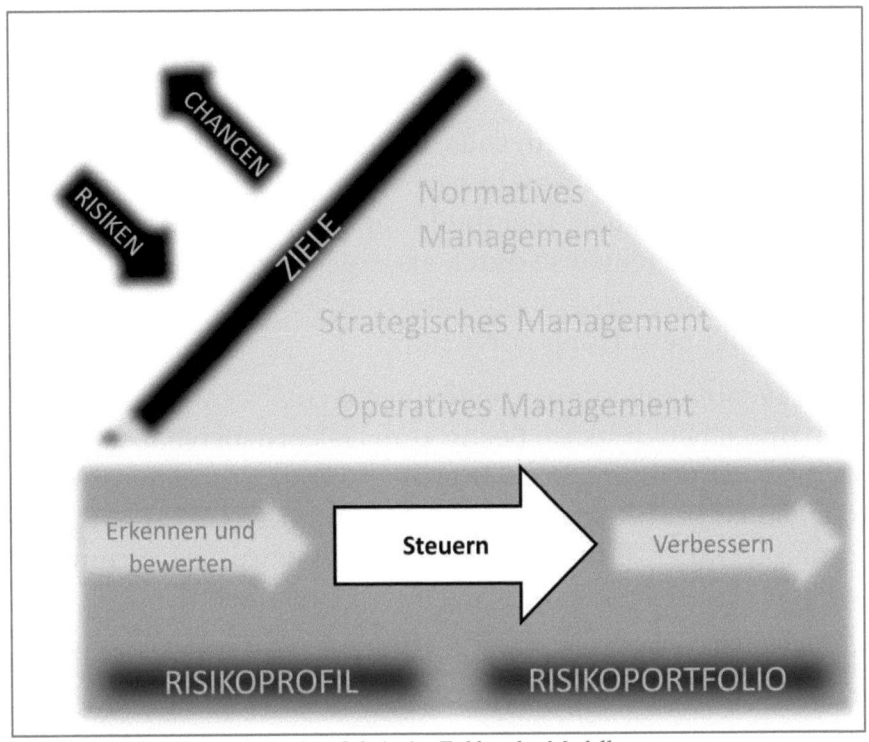

Abbildung 21: Steuern als zweiter Schritt im Zyklus des Modells

Voraussetzung für das aktuelle Risikoniveau

In vielen Fällen ist es von Bedeutung, die Prämissen einer Risikobewertung zu dokumentieren und dem Management bewusst zu machen. Damit sind Maßnahmen gemeint, manchmal werden sie auch als Präventivmaßnahmen oder als vorbeugende Maßnahmen bezeichnet, die bereits umgesetzt wurden und dadurch erst das Risikoniveau auf den aktuell eingeschätzten Wert verbessert haben. Die Kenntnis dieser Maßnahmen ist deshalb von Bedeutung, da im Umkehrschluss ein Wegfall ihrer Wirksamkeit zu einer direkten Verschlechterung des Risikoniveaus führen würde. Beispiel: Die aktuelle Einschätzung des Risikoniveaus basiert auf der vorbeugenden Maßnahme einer Auswahl besonders geeigneter Mitarbeiter mit entsprechendem Teambuilding. Wird das Team getrennt oder auch nur teilweise durch andere Mitarbeiter ersetzt, sind die Prämissen dieser Einschätzung nicht mehr gegeben und es ist eine Neubewertung notwendig.

Präventivmaßnahmen sollten nicht zu abstrakt beschrieben sein und einen direkten Bezug zum IT-Vorhaben haben, damit der Zusammenhang konkreter Werkzeuge, Vorgehensweisen oder sonstiger Maßnahmen mit der durch sie verringerten Bedrohung einer Einflussgröße deutlich wird. Abbildung 22 zeigt einige Beispiele für Präventivmaßnahmen.

SPEZIFISCHES ZIEL	EINFLUSSGRÖSSE	BEDROHUNGEN, RISIKEN	PRÄVENTIVMASSNAHMEN
Vereinbarter Liefertermin für (Artefakt) am {Lieferdatum} wird eingehalten			
	Anforderungsmanagement	Konkurrierende, widersprüchliche Anforderungen	Vereinbartes Quality Gate für Anforderungen
	Spezifikation	Unerwartet hoher Spezifikationsaufwand	Einsatz bewährter Vorlagen und Tools
	Entwicklungsteam	Geringe Produktivität	Entwicklungsstandards, Wiederverwendung von Komponenten, Tooleinsatz, Automatisierung
		Defizite in der Ausbildung	Durchgeführte oder geplante projektbegleitende Trainings
		Zu wenig Erfahrung	Einsatz erfahrener Mitarbeiter, Förderung der Zusammenarbeit
	QS-Prozesse	Unerwartet hoher Aufwand für funktionale Tests	Nutzung vorhandener Automatisierungswerkzeuge

Abbildung 22: Präventivmaßnahmen (Beispiel)

Behandlung von Restrisiken

Betrachtet man das im vorhergehenden Prozessschritt bewertete Risikoniveau unseres IT-Vorhabens als das Resultat bereits durchgeführter Präventivmaßnahmen, so stellen die zum Zeitpunkt dieser Betrachtung noch bestehenden Risiken sogenannte Restrisiken dar. Für den Umgang mit Restrisiken gibt es für das Management des IT-Vorhabens im Wesentlichen drei Möglichkeiten:

- Akzeptanz (auf Zeit)
- Risiko-Transfer oder Umstrukturierung
- Risikoreduktion durch Maßnahmen

Das nächste Kapitel beschreibt einen bewährten organisatorischen Rahmen für die in jedem Zyklus notwendige explizite Entscheidung des Managements zwischen diesen Optionen zur Behandlung von Restrisiken.

Managementreviews

Notwendig und daher auch von Normen wie der ISO/IEC 27001 [ISO/IEC 27001 2015] gefordert, ist, dass für jedes im Risikoprofil aufgeführte Risiko die Entscheidung für eine dieser Optionen vom sogenannten Risk Owner getroffen und nachvollziehbar dokumentiert wird. Dies kann im Rahmen eines in einem festen Turnus einberufenen Managementreviews geschehen. Als Risk Owner wird diejenige Person oder das Gremium bezeichnet, welches das Erreichen des verfolgten Ziels wie auch die beim Nicht-Erreichen eintretenden Schäden zu verantworten hat und die notwendigen Mittel und Ressourcen für Maßnahmen zur Risikobehandlung bewilligen kann.

Bei allen Risiken, bei denen sich das Management für die befristete Akzeptanz der Restrisiken entscheidet, ist dies nachvollziehbar zu dokumentieren und alle Beteiligten müssen sich darüber bewusst sein, dass eine Verschlechterung des Risikoniveaus, beispielsweise durch Wegfall oder Unwirksamkeit einer Präventivmaßnahme, die Entscheidungsgrundlage verändert und somit eventuell auch vor Ablauf der Frist eine neue Entscheidung durch den Risk Owner erfordert. Diesbezüglich sollte in der Praxis eine Regelung getroffen werden, unter welchen Bedingungen eine erkennbare Verschlechterung erst im nächsten turnusmäßigen Managementreview berücksichtigt und wann eine außerplanmäßige, kurzfristige Entscheidung notwendig wird.

Maßnahmen zur Risikobehandlung

Wird ein Restrisiko vom Risk Owner nicht akzeptiert, so sind Maßnahmen zu seiner Behandlung zu ergreifen. Diese Maßnahmen können darin bestehen, dass das Risiko oder ein Teil davon an eine andere Instanz übertragen wird und sich dadurch die Auswirkungen eines Schadensereignisses für das IT-Vorhaben selbst reduzieren. Beispielsweise könnte eine Versicherung abgeschlossen werden, so dass sich im Schadensfall wenigstens der monetäre Schaden reduziert, wenn auch nicht der Reputationsschaden oder die Auswirkungen eines Gesetzesverstoßes. Eine solche Vorgehensweise wird als Risiko-Transfer bezeichnet. Alternativ ist manchmal auch eine Umstrukturierung möglich, durch die risikobehaftete Prozesse oder sonstige Einflussgrößen aus dem IT-Verbund des betrachteten Vorhabens entfernt werden. Ein Beispiel dafür wäre die organisatorische Auslagerung von Qualitätssicherungsmaßnahmen aus dem IT-Projekt in eine andere, auf Qualitätssicherung spezialisierte Organisationseinheit des Unternehmens.

Bei einer Risikoreduktion durch Maßnahmen werden ein oder mehrere Reaktivmaßnahmen, die auch oft als Steuerungsmaßnahmen bezeichnet werden, erarbeitet und umgesetzt. Sie wirken der Gefährdung hinreichend entgegen und verfolgen eine Verminderung des möglichen Schadens, eine Reduzierung der Eintrittswahrscheinlichkeit oder beides. An dieser Stelle kommen auch wieder Chancen ins Spiel, bei denen es sich häufig ebenfalls um Maßnahmen handelt, deren wirksame Umsetzung eine direkte Reduzierung des Risikoniveaus zur Folge haben.

Wie jede Aktivität in der IT sollte auch die Umsetzung von Steuerungsmaßnahmen oder Chancen strukturiert und nachvollziehbar sein. Zu empfehlen ist ein Plan, in dem jede Maßnahme durch mindestens die folgenden Elemente beschrieben wird:

- Bezeichnung der Maßnahme

- Die für die Durchführung verantwortliche Person oder Organisationseinheit

- Eine Beschreibung der Tätigkeiten sowie des Ziels oder des Ende-Kriteriums, damit das Ende der Maßnahmen-Umsetzung zweifelsfrei festgestellt werden kann.

- Das geplante Datum der Fertigstellung

- Der aktuelle Status der Umsetzung

Je nach Umfang und Komplexität einer Maßnahme kann es auch erforderlich werden, sie in einzelne Aktivitäten oder Arbeitspakete aufzuteilen, diese an unterschiedliche ausführende Personen oder Organisationseinheiten zu beauftragen und ihre Abhängigkeiten untereinander zu berücksichtigen.

Da die Umsetzung solcher Maßnahmen eine direkte Auswirkung auf das Risikoniveau eines IT-Vorhabens hat ist es sinnvoll, dass die für das Risikomanagement verantwortliche Instanz auch die planungskonforme Umsetzung der Steuerungsmaßnahmen nachverfolgt und dadurch zeitnah über den Fertigstellungsgrad oder Verzögerungen informiert ist. Die letzten Schritte nach Abschluss einer Maßnahme müssen stets eine Überprüfung ihrer Wirksamkeit und eine Neubewertung der davon betroffenen Risiken sein.

Über Risiken berichten

Stichtagsbezogene tabellarische Darstellung

Für Berichte zum stichtagsbezogenen Status der Risiken eines IT-Vorhabens können, je nach Zielgruppe, die folgenden Informationen in Frage kommen:

- Details zum aktuellen Risikoniveau, ähnlich der bisher verwendeten Darstellung des Risikoprofils (Abbildung 20): Gliederung nach den betrachteten spezifischen Zielen mit ihrer Schadensklasse und Risikoklasse, je Ziel die einzelnen Chancen und Risiken mit ihren Klassen der Eintrittswahrscheinlichkeit.

- Die Voraussetzungen für das aktuelle Risikoniveau, d.h. eine Aufstellung aller Präventivmaßnahmen (ähnlich Abbildung 22).

- Entscheidungen der Risk Owner zur Behandlung von Restrisiken (befristete Akzeptanz, Transfer, Umstrukturierung oder Maßnahmen).

- Bei in der Umsetzung befindlichen Maßnahmen zur Reduktion der Restrisiken (Steuerungsmaßnahmen, Chancen): Zieltermin, verantwortliche Person oder Organisationseinheit und aktueller Status.

Als Ausgabeformat eignet sich meist eine tabellarische Darstellung, ähnlich den bisherigen Abbildungen. Für jede Zielgruppe ist eine Festlegung sinnvoll, welche Informationen in einem Bericht enthalten sein sollen, beispielsweise nur Ziele der höchsten Risikoklasse oder nur Risiken, für die zum Berichtsstichtag Steuerungsmaßnahmen ausgeführt werden.

Diagramme

Da die Bewertung von Risiken direkt von den beiden Dimensionen Eintrittswahrscheinlichkeit und Schadenshöhe abhängig ist eignet sich ein X/Y-Diagramm sehr gut zur Visualisierung des R̲i̲s̲i̲k̲o̲n̲i̲v̲e̲a̲u̲s̲ zu einem Berichtsstichtag. Abbildung 23 zeigt eine solche Darstellung der drei zuvor beispielhaft betrachteten spezifischen Ziele eines Vorhabens. Die Achsen des Diagramms sind skaliert nach den Klassen der Schadenshöhe und der Eintrittswahrscheinlichkeit. Daraus ergeben sich an den Schnittpunkten die jeweiligen Risikoklassen der Ziele mit ihren Ampelfarben, wie sie in Abbildung 16 definiert wurden. In diese Bereiche der Risikoklassen können nun die darzustellenden Ziele entsprechend eingetragen werden.

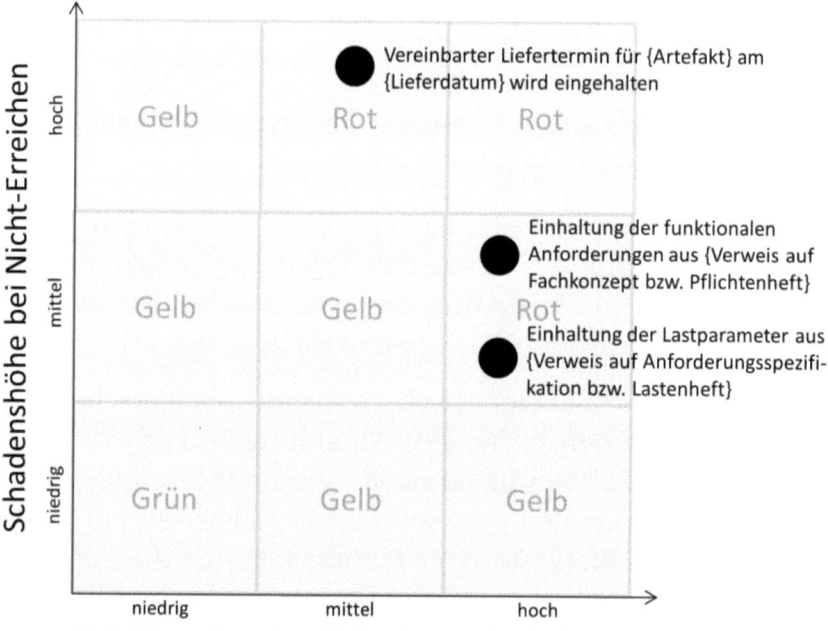

Abbildung 23: X/Y-Diagramm des Risikoniveaus von Zielen zu einem Stichtag (Beispiel)

Der gleiche Diagrammaufbau kann selbstverständlich auch verwendet werden, um die einzelnen Bedrohungen und Risiken der Ziele darzustellen. In diesem Fall empfiehlt es sich, die Zugehörigkeit der Risiken zu den Zielen beispielsweise farblich zu kennzeichnen.

X/Y-Diagramme eignen sich ebenfalls für die Visualisierung von Änderungen der Bedrohungslage über die Zeit. Abbildung 24 zeigt, wie sich die Bedrohungslage des Beispiels aus Abbildung 23 nach einem Zeitraum, in dem Steuerungsmaßnahmen durchgeführt wurden, verbessert hat. Die grauen Punkte zeigen das Risikoniveau der Ziele zu Beginn, die schwarzen Punkte am Ende dieses Zeitraums. In diesem Beispiel wurde die Eintrittswahrscheinlichkeit für Bedrohungen des vereinbarten Liefertermins reduziert. Außerdem konnten der mögliche Schaden bei Nicht-Einhalten der vereinbarten Belastbarkeit bzw. Leistungsfähigkeit des geplanten IT-Systems gemindert und gleichzeitig die Wahrscheinlichkeit von Bedrohungen dieses Ziels reduziert werden.

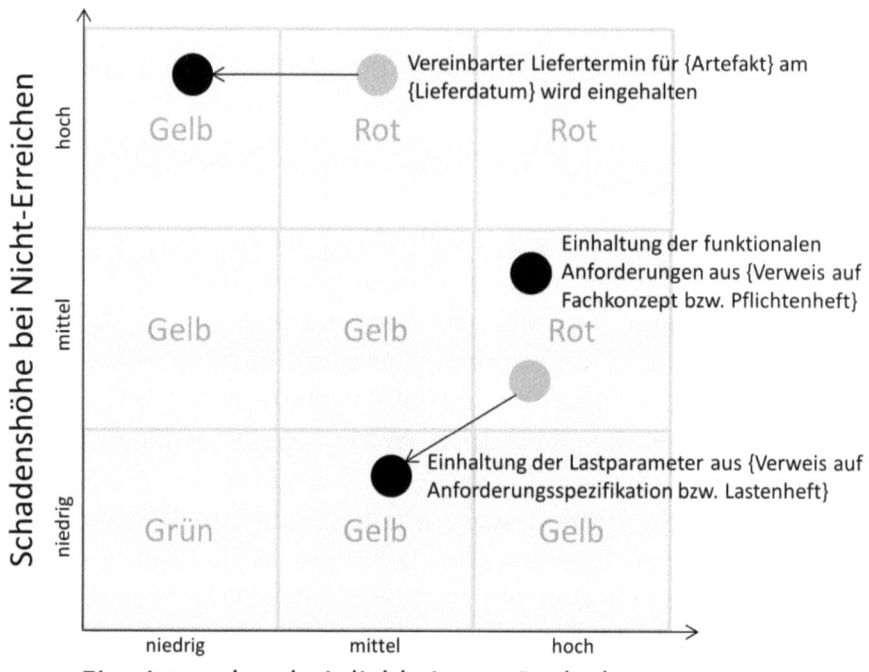

Eintrittswahrscheinlichkeit von Bedrohungen

Abbildung 24: X/Y-Diagramm zur Veränderung des Risikoniveaus (Beispiel)

Kennzahlen

Eine Bewertung über den Tellerrand des betrachteten IT-Vorhabens hinaus, insbesondere ein Vergleich zwischen verschiedenen Vorhaben, erfordert häufig die Abbildung einer entscheidenden Eigenschaft auf einen Zahlenwert, einen sogenannten Key Performance Indicator (KPI). Im Zusammenhang mit dem vorgestellten Managementmodell eignen sich für diesen Zweck gut die folgenden Eigenschaften:

- Das Maß, in dem das betrachtete IT-Vorhaben risikobehaftet ist.

- Die Wirksamkeit der Implementierung des Managementmodells in der Organisation, insbesondere seine Fähigkeit zur aktiven Minderung von Risiken.

Eine bewährte Metrik zur Quantifizierung, wie risikobehaftet ein Vorhaben ist, ermittelt die Anzahl der spezifischen Ziele mit der höchsten Risikoklasse. Im Fall des zuvor beispielhaft dargestellten Risikoprofils wäre dies der Wert drei, wie Abbildung 25 zeigt.

SPEZIFISCHES ZIEL	EINFLUSSGRÖSSE	BEDROHUNGEN, RISIKEN	WAHRSCHEIN-LICHKEIT	SCHADEN	KLASSE
Vereinbarter Liefertermin für {Artefakt} am {Lieferdatum} wird eingehalten				Hoch	ROT
	Anforderungsmanagement	Konkurrierende, widersprüchliche Anforderungen	Mittel		
	Spezifikation	Unerwartet hoher Spezifikationsaufwand	Mittel		
	Entwicklungsteam	Geringe Produktivität	Mittel		
		Defizite in der Ausbildung	Niedrig		
		Zu wenig Erfahrung	Niedrig		
	QS-Prozesse	Unerwartet hoher Aufwand für funktionale Tests	Mittel		
Einhaltung der funktionalen Anforderungen aus {Verweis auf Fachkonzept bzw. Pflichtenheft}			Mittel	ROT	
	Anforderungsmanagement	Konkurrierende, widersprüchliche Anforderungen	Mittel		
	Spezifikation	Unscharfe Beschreibung der Funktionalität	Hoch		
	Entwicklungsteam	Defizite in der Ausbildung	Niedrig		
		Zu wenig Erfahrung	Niedrig		
	QS-Prozesse	Zu geringe Testabdeckung	Mittel		
Einhaltung der Lastparameter aus {Verweis auf Anforderungsspezifikation bzw. Lastenheft}			Mittel	ROT	
	Anforderungsmanagement	Unzureichende Vorgaben für Antwortzeiten	Hoch		
		Keine Erwartungswerte für Systemlast	Mittel		
	Architektur	Architektur nicht performance-optimiert	Niedrig		
	Entwicklungsteam	Defizite in der Ausbildung	Niedrig		
		Zu wenig Erfahrung	Niedrig		
		Unzureichende belastungsrelevante Testfälle	Mittel		
	QS-Prozesse	Zu geringe Systemlast beim Lasttest	Mittel		

KPI = 3

Abbildung 25: KPI-Ermittlung (Beispiel 1)

Geht man davon aus, dass dieser Wert mit dem Maß der allgemeinen Bedrohung eines Vorhabens korreliert, so erlaubt er Vergleiche mit der Bedrohungslage anderer Vorhaben, wenn deren Kennzahlen bekannt sind und nach den gleichen Verfahren erhoben wurden. Mit etwas Erfahrung wird eine Organisation über einen reinen Zahlenvergleich hinaus in der Lage sein, seine Vorgehensweise, Kriterien für Phasenübergänge (Quality Gates) oder Sicherheitsaufschläge auf Basis dieser Kennzahl skalieren zu können. Im Idealfall können Schwellenwerte festgelegt werden, ab denen Vorhaben aufgrund der größeren Bedrohung anders, möglicherweise auch überhaupt nicht, durchgeführt werden.

Zur Bewertung und somit zum Vergleich einzelner Ziele eines Vorhabens eignet sich deren Anzahl an <u>Einflussgrößen</u> mit solchen Risiken bzw. Bedrohungen, bei denen sich aufgrund ihrer Eintrittswahrscheinlichkeit und der Schadensklasse des Ziels die höchste Risikoklasse ergibt (siehe die beispielhafte Bewertungsmatrix in Abbildung 16).

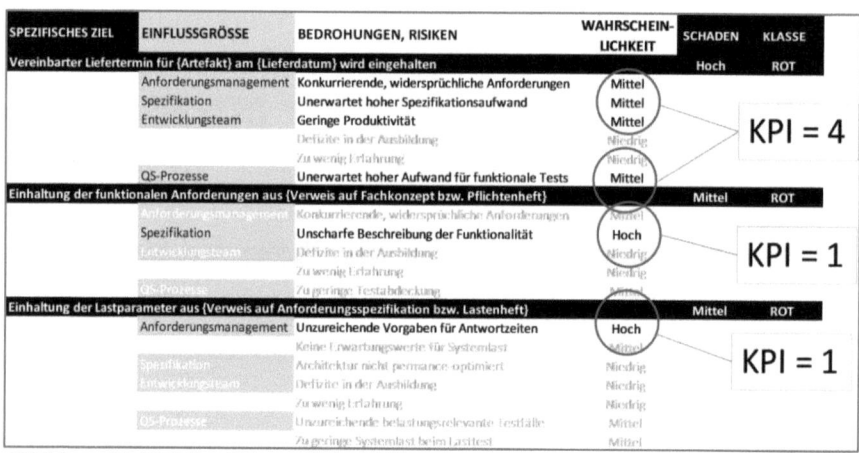

Abbildung 26: KPI-Ermittlung (Beispiel 2)

Für das bereits mehrfach betrachtete Beispiel-Vorhaben zeigt Abbildung 26 die Anzahl der Einzelrisiken, bei denen sich die höchste Risikoklasse des jeweiligen Ziels ergibt. Dies wäre für den vereinbarten Liefertermin vier, für die anderen Ziele jeweils eins. Eine solche Kennzahl macht innerhalb des Vorhabens die Bedrohungslage der verschiedenen Ziele miteinander vergleichbar. Hilfreich kann ein solcher Hinweis, dass ein einzelnes Ziel sehr risikobehaftet ist, bei der Planung sein. Erweist sich wie in Abbildung 26 der Liefertermin für ein bestimmtes Artefakt als stärker risikobehaftet gegenüber anderen Zielen, so könnte darüber nachgedacht werden, schon bei der Planung den Umfang des zu diesem Termin zu liefernden Artefakts zu reduzieren oder wenigstens Teile davon so zu priorisieren, dass der Termin im Notfall, wenn schon nicht vollumfänglich, wenigstens noch mit einem hochpriorisierten Teilumfang erfüllt werden kann.

Eine wichtige Funktion erfüllen Kennzahlen auch als Indikatoren, an welchen Stellen das Managementsystem verbessert werden kann. Damit beschäftigt sich das nächste Kapitel.

Die permanente Verbesserung des Managementsystems

D er dritte Prozessschritt eines jeden Risikomanagement-Zyklus dient der Verbesserung von Effektivität und Effizienz bei der Anwendung des beschriebenen Managementmodells innerhalb einer Organisation. Dabei sind alle Bestandteile wie Prozesse, Methoden, Metriken und Skalen zur Bewertung, Dokumentationen usw. einer kritischen und eingehenden Betrachtung zu unterziehen.

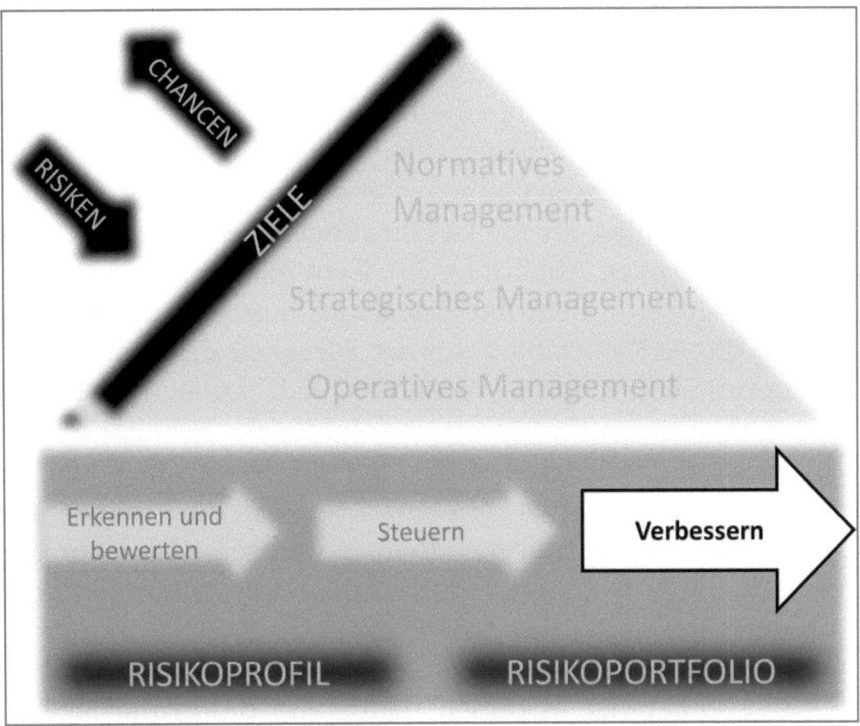

Abbildung 27: Verbessern als dritter Schritt im Zyklus des Modells

Verbesserung der Effektivität

Eine wichtige Voraussetzung für zielgerichtete Verbesserungen der Effektivität eines Managementsystems ist ihre Messbarkeit. Der nachfolgend beschriebene Ansatz geht davon aus, dass die Effektivität des Systems von der Wirksamkeit der durch die Organisation umgesetzten Steuerungsmaßnahmen abgeleitet werden kann. Diese wiederum ist mit Hilfe der im vorhergehenden Kapitel vorgestellten Metriken messbar.

Ein einfacher Ansatz, um die Wirksamkeit von Maßnahmen zu messen, ist es, die Veränderungen der Risiken und Bedrohungen eines Vorhabens über mehrere Zyklen hinweg zu verfolgen. Dabei werden in jedem Zyklus, wie im vorhergehenden Kapitel beschrieben, eine Kennzahl für die Bedrohungslage des gesamten Vorhabens (Beispiel: Abbildung 25) und die aufgrund der höheren Granularität noch etwas aussagekräftigeren Kennzahlen für die Gefährdungen der einzelnen Ziele erhoben (Beispiel: Abbildung 26). Geht man von einer unveränderten äußeren Bedrohungslage aus, korrelieren die Differenzen dieser Kennzahlen mit der Fähigkeit des Systems zur Minderung von Risiken. Werden die Bedrohungen bei unveränderten äußeren Einflüssen von Zyklus zu Zyklus geringer eingeschätzt, reduzieren sich somit die Kennzahlen und es ergibt sich eine negative Differenz. Dies zeigt die Fähigkeit des Systems zur Minderung von Risiken und seine Wirksamkeit. Werden die Bedrohungen größer, ohne dass äußere Einflüsse oder ein veränderter Bewertungsmaßstab der Schätzer dies bewirken, so erhöhen sich die Kennzahlen und man erhält eine positive Differenz. In diesem Fall sollte die grundsätzliche Wirksamkeit des Systems überprüft werden, insbesondere die

ergriffenen Steuerungsmaßnahmen, aber auch die Analyse-
und Bewertungsmethoden.

Verbesserung der Effizienz

Erfahrungsgemäß sind Prozesse und Methoden eines neu ein-
geführten Managementsystems noch aufwendiger, als es bei
optimaler Abstimmung notwendig wäre. Es sollte daher ge-
prüft werden, ob diese schlanker gestaltet werden können,
ohne dass die Effektivität oder Konformität mit zwingend ein-
zuhaltenden Standards wie der ISO/IEC 27001 darunter lei-
den. Eventuell können Werkzeuge eingesetzt werden, mit denen sich einzelne Tätigkeiten automatisieren bzw. Medienbrü-
che oder redundante Datenhaltungen vermeiden lassen.
Dadurch könnten Effizienzsteigerungen möglich werden, die
das Kosten/Nutzen-Verhältnis des Risikomanagements verbessern.

Ein weiterer Punkt sind die festgelegten Metriken, Skalen,
Bewertungsmatrizen usw. Sie müssen so ausgewogen sein,
dass die Aufmerksamkeit des Managements aufgrund der Bewertungen genau auf jene Chancen und Risiken gelenkt wird,
bei denen Handlungsbedarf besteht und gleichzeitig Maßnahmen auch in der erforderlichen Zeit zu der angestrebten Verbesserung führen können. Es ist dem IT-Vorhaben weder mit
einer übertrieben negativen oder ängstlichen Risikoeinschät-
zung noch mit dem Gegenteil gedient. Dies erfordert jedoch
einen Lernprozess der Organisation über viele Zyklen des Risikomanagement-Prozesses hinweg und eine regelmäßige
Überprüfung und Nachjustierung.

Viele dieser Maßnahmen erfordern eine Managementent-
scheidung. Es hat sich bewährt, die Diskussionen und Entscheidungen über Verbesserungen auf die Agenda des in

jedem Zyklus anstehenden Managementreviews zu setzen, in dem das Management ohnehin über die Ergebnisse der aktuellen Risikobewertung informiert wird und auch über die Optionen zur Risikobehandlung entscheiden muss.

Das nachfolgende Kapitel beschäftigt sich noch eingehender mit der Wirtschaftlichkeit des Risikomanagements von IT-Vorhaben und gibt einige praktische Erfahrungen und Empfehlungen des Autors wieder.

Anregungen zum praktischen Einsatz

Design for Efficiency

D as Dilemma des Risikomanagements in der IT ist die schwierige Argumentation seines Nutzens in Relation zum notwendigen Aufwand. Analytisch ergibt sich der Nutzen für jedes spezifische Ziel aus seinem Risikoniveau, d.h. dem Produkt aus dem möglichen Schaden, falls das Ziel nicht erreicht wird, und der Eintrittswahrscheinlichkeit für das Nicht-Erreichen – unter der Voraussetzung, dass der Schaden verhindert werden kann. Stellt ein aktives Risikomanagement beispielsweise sicher, das ein Liefertermin gehalten werden kann und dafür keine Vertragsstrafe von 100.000 Euro fällig wird und lag die Wahrscheinlichkeit für das Scheitern des Termins bei 50%, so beträgt der (monetäre) Nutzen des Risikomanagements bei dieser Betrachtungsweise 50.000 Euro.

Diesem Nutzen – summiert über alle spezifischen Ziele – steht der für das Risikomanagement notwendige Aufwand gegenüber. Die Wirtschaftlichkeit des Risikomanagements ergibt sich allgemein aus dem Verhältnis von Nutzen zu Aufwand:

$$Wirtschaftlichkeit = \frac{Nutzen}{Aufwand}$$

Dieser Zusammenhang gilt jedoch nur unter der Voraussetzung, dass das Risikomanagement mindestens so effektiv ist, dass die dadurch betrachteten Ziele auch erreicht werden. Werden die Ziele nicht erreicht, sind der Nutzen und somit auch die Wirtschaftlichkeit Null.

Fehlendes oder nicht effektives Risikomanagement lässt die Wirtschaftlichkeit wegen des geringen Aufwands nicht etwa gegen unendlich steigen sondern befindet sich außerhalb des Definitionsbereichs dieser Formel.

Aus diesen Eigenschaften folgen zwei wichtige Erkenntnisse:

- Effektives Risikomanagement hat einen Nutzen aufgrund der nicht eingetretenen Schadensereignisse.

- Bei IT-Vorhaben mit höherem Risikoniveau ist auch ein höherer Aufwand für das Risikomanagement angemessen, ohne dass dies zu Lasten der Wirtschaftlichkeit geht.

Zur Optimierung der Wirtschaftlichkeit eines Managementmodells, wie es dieses Buch beschreibt, gibt es drei wirksame Stellschrauben:

1. Die Fokussierung auf genau jene spezifischen Ziele mit dem höchsten Risikoniveau,

2. die Standardisierung von Prozessen, Regelwerken und Ergebnissen und

3. die Optimierung und Automatisierung einzelner Tätigkeiten und Prozesse.

In Kapitel „Fokussierung auf das Risikoprofil" wurde bereits das Vorgehen zu Stellschraube 1 beschrieben. Anleitungen zur Standardisierung und zur Erstellung und Nutzung von Regelwerken geben die nachfolgenden, aufeinander aufbauenden Kapitel „Bedrohungskataloge" und „Regelwerke". Das nächste Kapitel gibt zunächst eine Anregung zur Optimierung des Teilprozesses der Risikobewertung.

Verteilte Risikobewertung

Insbesondere der Prozess des Erkennens und Bewertens von Risiken erfordert eine tiefgehende Kenntnis der relevanten Einflussgrößen und Erfahrung mit den aktuellen Gegebenheiten. Dies kann in der Regel ein zentral eingesetzter Risikomanager nicht in derselben Qualität leisten wie Experten der jeweiligen Fachgebiete und Themen. Beispielsweise kann ein Teamleiter die Risiken im Einflussbereich seines Entwicklungsteams meist sehr viel schneller und zuverlässiger erkennen und bewerten, oder der Qualitätsverantwortliche in einem Projekt die Risiken im Umfeld der QS-Prozesse als ein Risikomanager.

Grundsätzlich ist die Fähigkeit von Themenverantwortlichen, Risiken aus ihrem Verantwortungsbereich besser einschätzen zu können als ein zentraler Risikomanager, ein starkes Verbesserungspotential. Ob dieses Potential genutzt werden kann hängt in der Praxis jedoch auch von der Akzeptanz des Risikomanagements bei diesen Themenverantwortlichen, möglichen Vor- oder Nachteilen einer objektiven Bewertung und ihrem dafür zur Verfügung stehenden Zeitrahmen ab. Der Idealfall wäre eine Implementierung des Managementmodells, bei der jeder Themenverantwortliche in jedem Zyklus die Risiken genau der Einflussgrößen, für die er über die notwendigen Kenntnisse und Erfahrungen verfügt, selbständig und mit nur wenigen Mausklicks bewerten kann. Ferner sollte dies automatisch in einem zentralen Risikoportfolio gespeichert, nachvollziehbar dokumentiert und durch den Risikomanager qualitätsgesichert werden. Dies erfordert einen hohen Grad an IT-Unterstützung.

Bedrohungskataloge

Die Erkennung und Bewertung von Chancen und Risiken erfordert eine klare Vorstellung davon, wie die verschiedenen Einflussgrößen das Erreichen der betrachteten spezifischen Ziele beeinflussen können. Diese Bewertungskompetenz kann durch eigene Erfahrungen mit der praktischen Durchführung kritischer IT-Vorhaben, insbesondere der Analyse von Best und Bad Practices im Rahmen von Nachbetrachtungen, gewonnen werden. Eine andere Quelle sind Bedrohungskataloge, wie sie im Rahmen unterschiedlicher Standards und Normen zur Verfügung stehen.

Beispiel 1 - ISO/IEC 27001: Dieser Standard für Informationssicherheitsmanagementsysteme enthält in seinem Anhang A eine detaillierte Aufstellung einzelner Ziele der Informationssicherheit und Maßnahmen, die zur Zielerreichung umgesetzt sein müssen. Aus nicht wirksam oder unvollständig umgesetzten Maßnahmen können somit Risiken für das Erreichen des jeweiligen Ziels abgeleitet werden.

Beispiel 2 - ISO/IEC 27007: Dieser Standard zum Risikomanagement enthält in Anhang C einen Katalog typischer Bedrohungen.

Beispiel 3 - BSI: Das Bundesamt für Sicherheit in der Informationstechnik (BSI) hat im Rahmen seiner IT-Grundschutz-Kataloge auch mehrere Gefährdungs- und Maßnahmenkataloge veröffentlicht, die im Internet eingesehen sowie heruntergeladen werden können [BSI 2017].

Kataloge wie die oben genannten können als Teil der Implementierung eines Managementmodells das eigene Wissen und die Erfahrung der mit der Risikobewertung beauftragten Mitarbeiter ergänzen. Bewährt hat sich die Transformation solcher

Kataloge in Fragebögen bzw. die Formulierung bekannter kritischer Erfolgsfaktoren als geschlossene Fragen, durch die sich der entsprechende Mitarbeiter hindurchklicken kann. Zur Vereinfachung können diese Fragen so formuliert werden, dass sie nur mit „Ja", „Nein" oder „nicht relevant" beantwortet werden können. Dadurch ergibt sich die leicht zu programmierende Logik, dass eine Antwort „Nein", d.h. wenn ein Erfolgsfaktor nicht existiert oder eine Maßnahme nicht wirksam umgesetzt ist, stets einen mit der Frage in Verbindung stehenden Eintrag im R̲i̲s̲i̲k̲o̲p̲o̲r̲t̲f̲o̲l̲i̲o̲ zur Folge hat. Beispiel: Wird die Frage „Sind Vorgaben für maximale Antwortzeiten definiert?" verneint, könnte als Bedrohung bzw. Risiko des Ziels direkt der umgestellte Fragentext „Es sind keine Vorgaben für maximale Antwortzeiten definiert" eingefügt werden.

Selbstverständlich gibt es auch Sonderfälle, die bei dieser einfachen Fragenlogik berücksichtigt werden müssen. Verschiedene Fragen, die bei ihrer Verneinung jeweils die gleichen Einträge von Risiken zur Folge hätten, sollten sich nur einmal im Risikoportfolio widerspiegeln, jedoch – je nach Häufigkeit der Verneinung - mit höherer Eintrittswahrscheinlichkeit. Außerdem sollten Abhängigkeiten behandelt werden, wenn beispielsweise die Beantwortung ganzer Fragenblöcke von der Antwort auf eine übergeordnete Frage abhängig ist. Beispiel: Wenn ein Belastungstest nicht geplant ist, müssen auch keine Details zum Belastungstest selbst abgefragt werden. Abbildung 28 zeigt einen beispielhaften Fragebogen für das bereits in früheren Fallbeispielen dargestellte Ziel „Einhaltung der Lastparameter" – ohne Anspruch auf Vollständigkeit.

SPEZIFISCHES ZIEL	EINFLUSSGRÖSSE	FRAGE
Einhaltung der Lastparameter aus {Verweis auf Anforderungsspezifikation bzw. Lastenheft}		
	Anforderungsmanagement	Sind die erwarteten Nutzerzahlen bekannt?
		Wird bei den Nutzerzahlen nach Klassen von Anwendungsfällen unterschieden (z.B. zeitkritische Online-Abfragen, Reports ...)?
		Wird bei den Nutzerzahlen nach Tageszeiten unterschieden?
		Wurde die Entwicklung der Nutzerzahlen über die ersten Betriebsjahre hinweg abgeschätzt?
		Sind Vorgaben für maximale Antwortzeiten definiert?
		Werden bei den Vorgaben Klassen von Anwendungsfällen unterschieden (z.B. zeitkritische Online-Abfragen, Reports ...)?
		Sind Mengengerüste für die erwarteten Datenmengen festgelegt?
		Wird bei diesen Daten nach der Dauer ihrer Verfügbarkeit unterschieden?
		Sind Anforderungen an Versionierung und Historisierung definiert?
	Spezifikation	Berücksichtigt die Anwendungsarchitektur die Anforderungen hinsichtlich Nutzerzahlen, Antwortzeiten und Datenmengen?
		Ist die Anwendung skalierbar?
	Entwicklungsteam	Ist das Entwicklungsteam erfahren in der Entwicklung performance-kritischer Anwendungen?
		Ist das Team geschult hinsichtlich Best und Bad Practices bei der Entwicklung performance-kritischer Anwendungen?
	QS-Prozesse	Wurden für den Systemtest belastungsrelevante Testfälle definiert?
		Ist ein Belastungstest geplant?
		Berücksichtigt der Belastungstest einen längeren Test mit Simulation der erwarteten Nutzerzahlen?
		Werden beim Belastungstest repräsentative Anwendungsfälle ausgeführt?
		Enthält der Belastungstest eine Phase mit Überlast?
		Werden während des Belastungstests CPU-Auslastung und Speicherverbrauch protokolliert und nach dem Test ausgewertet?
		Wird der Belastungstest in einer produktionsähnlichen Systemumgebung durchgeführt?
		Wird der Belastungstest unter einer produktionsähnlichen Lastverteilung durchgeführt?

Abbildung 28: Fragebogen zur Risikobewertung (Beispiel)

Ein weiterer wichtiger Punkt ist die Aktualität der Fragebögen. Bei Veränderungen einerseits des eigenen Schutzbedarfs, beispielsweise aufgrund der Einführung neuer IT-Systeme, zusätzlicher Infrastruktur-Komponenten oder veränderter Prozesse, oder andererseits der Bedrohungslage, beispielsweise im Fall neu aufgedeckter Sicherheitslücken, sollte stets eine zeitnahe Aktualisierung sowie Erweiterung der Fragebögen möglich sein.

Regelwerke

Eine aus Standardbedrohungen oder eigenen Erfahrungswerten der Organisation abgeleitete und regelmäßig aktualisierte Sammlung von Fragen ist eine gute Ausgangsbasis für ein Regelwerk zur IT-basierten Unterstützung bei der Risikobewertung. Um dies zu erreichen, müssen zunächst alle Fragen mit einem Wert gewichtet werden, um den sich die Wahrscheinlichkeit für das Nicht-Erreichen des jeweiligen Ziels erhöht, falls die Frage mit „Nein" beantwortet wird. Das in Abbildung 29 dargestellte Beispiel zeigt den bereits in Abbildung 28 skizzierten Fragebogen mit einer entsprechenden Zuordnung von Eintrittswahrscheinlichkeiten, die im Fall einer Beantwortung mit „Nein" zu addieren sind.

SPEZIFISCHES ZIEL	EINFLUSSGRÖSSE	FRAGE	WAHRSCHEIN-LICHKEIT
Einhaltung der Lastparameter aus {Verweis auf Anforderungsspezifikation bzw. Lastenheft}			bei Antwort Nein
	Anforderungsmanagement	Sind die erwarteten Nutzerzahlen bekannt?	+5%
		Wird bei den Nutzerzahlen nach Klassen von Anwendungsfällen unterschieden (z.B. zeitkritische Online-Abfragen, Reports …)?	+1%
		Wird bei den Nutzerzahlen nach Tageszeiten unterschieden?	+1%
		Wurde die Entwicklung der Nutzerzahlen über die ersten Betriebsjahre hinweg abgeschätzt?	+1%
		Sind Vorgaben für maximale Antwortzeiten definiert?	+5%
		Werden bei den Vorgaben Klassen von Anwendungsfällen unterschieden (z.B. zeitkritische Online-Abfragen, Reports …)?	+1%
		Sind Mengengerüste für die erwarteten Datenmengen festgelegt?	+5%
		Wird bei diesen Daten nach der Dauer ihrer Verfügbarkeit unterschieden?	+1%
		Sind Anforderungen an Versionierung und Historisierung definiert?	+1%
	Spezifikation	Berücksichtigt die Anwendungsarchitektur die Anforderungen hinsichtlich Nutzerzahlen, Antwortzeiten und Datenmengen?	+5%
		Ist die Anwendung skalierbar?	+5%
	Entwicklungsteam	Ist das Entwicklungsteam erfahren in der Entwicklung performance-kritischer Anwendungen?	+2%
		Ist das Team geschult hinsichtlich Best und Bad Practices bei der Entwicklung performance-kritischer Anwendungen?	+2%
	QS-Prozesse	Wurden für den Systemtest belastungsrelevante Testfälle definiert?	+2%
		Ist ein Belastungstest geplant?	+5%
		Berücksichtigt der Belastungstest einen längeren Test mit Simulation der erwarteten Nutzerzahlen?	+1%
		Werden beim Belastungstest repräsentative Anwendungsfälle ausgeführt?	+1%
		Enthält der Belastungstest eine Phase mit Überlast?	+1%
		Werden während des Belastungstests CPU-Auslastung und Speicherverbrauch protokolliert und nach dem Test ausgewertet?	+1%
		Wird der Belastungstest in einer produktionsähnlichen Systemumgebung durchgeführt?	+1%
		Wird der Belastungstest unter einer produktionsähnlichen Lastverteilung durchgeführt?	+1%

Abbildung 29: Fragebogen mit Vorschlagswerten (Beispiel)

Ein wichtiger Punkt bei der technischen Implementierung solcher Regelwerke ist, dass sie den mit der Risikobewertung beauftragten Menschen nur durch einen Vorschlagswert unterstützen und ihm die Entscheidung über die Bewertung eines Risikos nicht abnehmen sollen. Auch wenn ein Regelwerk auf umfangreichen Erfahrungswerten aufgebaut ist, so ist die

Menge der in eine Bewertung einfließenden Kriterien bei dieser Art von Regelwerken sehr begrenzt im Vergleich zur Leistung des menschlichen Gehirns. Dies sollte stets bei der Implementierung eines entsprechenden Prozesses oder Werkzeugs zum Risikomanagement berücksichtigt werden. In der Praxis zeigt sich dennoch, dass gerade die Kombination eines guten, ausgereiften Regelwerks mit menschlichem Urteilsvermögen und Intuition die besten Ergebnisse liefert.

Wird ein Regelwerk, wie es in diesem Kapitel skizziert wurde, erstmals erstellt, so hat es erfahrungsgemäß noch nicht sofort die gewünschte Zuverlässigkeit. Im Rahmen mehrerer Zyklen des Managementmodells muss es regelmäßig überprüft und nachjustiert werden. Dies gilt auch für scheinbar fertige, einsatzbereite Lösungen, die selbstverständlich an die organisationsspezifische Gewichtung einzelner Bedrohungen angepasst werden müssen.

Alle beschriebenen Anregungen für die möglichst wirtschaftliche Implementierung eines Managementmodells zum Risikomanagement unterstreichen die Bedeutung einer zentralen Datenhaltung mit dezentral ausführbaren Bearbeitungsfunktionen. So erfordern Bedrohungskataloge und Regelwerke die Pflege einer zentralen Datenbank, damit Verbesserungen sofort in der gesamten Organisation zur Verfügung stehen. Bei der Risikoanalyse und Bewertung werden vermutlich die Risikoportfolios und –profile der IT-Vorhaben von unterschiedlichen Experten für die verschiedenen Einflussfaktoren gepflegt. Dabei kann es von Vorteil sein, auf bestehende Bewertungen gleicher Einflussfaktoren aus anderen IT-Vorhaben derselben Organisation zugreifen zu können, um diese miteinander zu vergleichen. Hinzu kommt, dass die von verschiedenen Personen erhobenen Daten für ein zentrales Berichtswesen benötigt werden.

Maschinelles Lernen

Eine interessante Perspektive bieten Systeme zum maschinellen Lernen, wie sie derzeit das Forschungsgebiet der Künstlichen Intelligenz hervorbringt und weiterentwickelt. Neuronale Netze sind in der Lage, Muster und Gesetzmäßigkeiten zu erkennen und das dadurch erworbene Wissen auf neue Sachverhalte anzuwenden. Ein in der eigenen Organisation ausreichend trainiertes neuronales Netz dürfte der Assistent sein, den man sich zur Unterstützung des Risikomanagements wünschen kann: Er übersieht nichts, was ihm aufgrund seines bisher erworbenen Wissens deutlich werden kann, optimiert selbständig seine eigenen Bewertungsmaßstäbe und ist grenzenlos wissbegierig. Ihn gibt es heute jedoch noch nicht einsatzbereit zu kaufen. Er muss implementiert, angelernt und seine Weiterentwicklung muss permanent gefördert und gelenkt werden.

Leider liegen über den Einsatz des maschinellen Lernens im Risikomanagement von IT-Vorhaben noch keine Erfahrungswerte vor. Für die Implementierung neuronaler Netze stehen jedoch bereits Open-Source-Komponenten zur Verfügung, so dass eine breite Nutzung erwartet werden darf [GNU 2017]. Damit ist es absehbar und nur eine Frage der Zeit, dass sie auch für das Risikomanagement in IT-Projekten eingesetzt werden.

Fazit

Managementsysteme zeigen dem Management - bezogen auf einen bestimmten Einsatzzweck - Ziele, bewährte Methoden zur Zielerreichung und die zugehörigen Steuer- und Kontrollmechanismen auf. Beim Einsatzzweck kann es sich um die Führung eines Unternehmens, ein IT-Vorhaben oder auch die Einhaltung eines Qualitäts-, Umwelt- oder Informationssicherheitsstandards handeln. Dieses Buch beschreibt anhand eines Modells, wie der generell notwendige Kernprozess des Risikomanagements innerhalb eines solchen Managementsystems funktioniert. Hauptmerkmal des Modells ist die zyklische Wiederholung des Erkennens und Bewertens von Chancen und Risiken, daraus resultierend der Ergreifung notwendiger Steuerungsmaßnahmen und der anschließenden Umsetzung davon abgeleiteter Verbesserungsmaßnahmen.

Jeder Zyklus beginnt zunächst mit der Festlegung von für das IT-Vorhaben wesentlichen Zielen bzw. einer Nachbetrachtung bereits getroffener Festlegungen. Daran schließen sich die Identifikation von Einflussgrößen, welche die Zielerreichung bedrohen oder auch begünstigen, sowie deren Bewertung an. Dieser Schritt ist als Grundlage der Fokussierung auf wesentliche Ziele und akute Bedrohungen eine wichtige Voraussetzung für wirtschaftliches Risikomanagement.

Um Einflussgrößen zu finden, welche das Erreichen der ausgewählten Ziele begünstigen oder bedrohen, wird die Kombination einer methodischen Ursache-Wirkungs-Analyse mit eigenen Erfahrungswerten empfohlen. Die Menge aller Einflussfaktoren bildet das Risikoportfolio. Nach einer Bewertung ihrer Eintrittswahrscheinlichkeit wie auch der Höhe und

Art des möglichen Schadens, der entsteht, falls ein Ziel nicht erreicht wird, ermöglicht dies die Fokussierung auf eine Teilmenge der Bedrohungen, die im beschriebenen Modell als Risikoprofil bezeichnet wird.

Das im jeweiligen Zyklus neu bewertete Risikoprofil bildet die Grundlage für Entscheidungen des Managements zur Behandlung von Risiken. Diese Behandlung kann beispielsweise im Abschluss einer Versicherung (Risiko-Transfer), in der Auslagerung risikobehafteter Bereiche aus dem betrachteten IT-Vorhaben in andere Teile der Organisation (Umstrukturierung) oder auch in der Durchführung und Nachverfolgung von Maßnahmen zur aktiven Risikominderung bestehen. Halten die Risk Owner in einzelnen Fällen eine Reduzierung der Risiken durch einen Transfer, eine Umstrukturierung oder Maßnahmen nicht für notwendig, ist dies als Akzeptanz der zur Kenntnis genommenen Restrisiken zu dokumentieren.

Im letzten Schritt eines Zyklus ist zu prüfen, durch welche Maßnahmen das Risikomanagement wirksamer und das Kosten/Nutzen-Verhältnis verbessert werden kann. Hierzu gehört eine Nachbetrachtung aller Bestandteile des Modells wie Prozesse, Methoden, Metriken und Skalen zur Bewertung, Dokumentationen usw.

Erhebliches Potenzial zur Verbesserung des Managementmodells liegt darin, Wissen über allgemeine oder auch organisationsspezifische Bedrohungen der Zieltypen explizit zu machen und dieses explizite Wissen auch permanent Veränderungen beispielsweise der Bedrohungslage anzupassen. Eine Art der Implementierung dieses expliziten Wissens ist die Erstellung und Pflege von Regelwerken, durch die den mit der Risikoanalyse beauftragten Menschen Fragebögen zur Beantwortung vorgelegt und aus deren Antworten entsprechende

Vorschläge für Einträge im Risikoprofil erzeugt werden. Diese Vorschlagswerte müssen jedoch aufgrund ihres eigenen menschlichen Urteilsvermögens und ihrer Intuition validiert, eventuell auch korrigiert werden. Eine weitere Verbesserung ist absehbar, sobald Systeme zum maschinellen Lernen für Zwecke der Risikoanalyse eingesetzt werden können.

Es ist möglich, Risikomanagement sowohl effektiv als auch effizient durchzuführen. Bei guter Methodik wird das angestrebte Ziel, Bedrohungen zu mindern, erreicht. Risikomanagement wird somit effektiv. Durch den vermiedenen Schaden ergibt sich ein Nutzen, der errechnet und ins Verhältnis zum benötigten Aufwand gestellt werden kann. Dies ergibt ein Maß für die Effizienz. Wie bei jedem anderen Managementprozess ist beides, Effektivität und die Berechenbarkeit der Effizienz, eine wesentliche Grundlage zur Optimierung.

Glossar

- **Bedrohung**: Auch → Risiko. Fähigkeit einer → Einflussgröße, das planungskonforme Erreichen eines → Ziels mit einer bestimmten Eintrittswahrscheinlichkeit zu verhindern.

- **Chance**: Fähigkeit einer → Einflussgröße, das planungskonforme Erreichen eines → Ziels zu begünstigen.

- **Effektivität**: Grad, in dem ein angestrebtes Ziel oder Ergebnis erreicht wird. Im betrachteten Kontext der Grad, in dem ein → Managementsystem in der Lage ist, → Risiken zu mindern und → Bedrohungen abzuwenden.

- **Effizienz**: Auch Wirtschaftlichkeit. Verhältnis von Input zu Output. Im betrachteten Kontext das Verhältnis von Risikominderung zum dafür benötigten Aufwand.

- **Einflussgröße**: Auch Einflussfaktor. Ursache für den Einfluss auf das Erreichen eines → Ziels.

- **Managementmodell**: Modellhafte Vorlage für die Umsetzung meist eines Teilbereiches in einem → Managementsystem.

- **Managementsystem**: System, das dem Management, bezogenen auf den jeweiligen Einsatzzweck, einen Katalog von → Zielen, Methoden zur Zielerreichung sowie Steuer- und Kontrollmechanismen an die Hand gibt.

- **Normatives Management**: Die sogenannte oberste Leitung, durch die Grundsätze, Richtlinien, Leitlinien und Standards festgelegt werden.

- **Operatives Management**: Das Operative Management ist für die praktische Umsetzung der vom → Strategischen Management geplanten Vorgehensweisen verantwortlich.

- **Präventivmaßnahmen**: Vorbeugende Maßnahmen, die zum Zeitpunkt einer Risikobewertung bereits umgesetzt und die Voraussetzung für das aktuelle → Risikoniveau sind.

- **Reaktivmaßnahmen**: Risikomindernde Maßnahmen, die als Reaktion auf eine Risikobewertung geplant und umgesetzt werden.

- **Restrisiko**: → Risikoniveau nach der wirksamen Umsetzung von → Präventivmaßnahmen.

- **Risiko**: Siehe → Bedrohung.

- **Risikoklasse**: Klasse für das → Risikoniveau eines → Ziels, die meist durch eine Ampelfarbe dargestellt wird.

- **Risikoniveau**: Grad der → Bedrohung eines → Ziels in Abhängigkeit von Schadenshöhe, Eintrittswahrscheinlichkeit und, falls relevant, der Häufigkeit periodischer Bedrohungen. Maß für die notwendige Aufmerksamkeit des Managements.

- **Risikoportfolio**: Grundgesamtheit aller → Chancen und → Risiken hinsichtlich der betrachteten → Ziele.

- **Risikoprofil**: Auswahl genau jener → Chancen und → Risiken aus dem → Risikoportfolio, deren Bewertung risikomindernde Maßnahmen oder eine explizite Akzeptanz der Restrisiken durch das Management erforderlich machen.

- **Risk Owner**: Person oder Gremium, welches das Errei-chen der betrachteten → Ziele wie auch die beim Nicht-Erreichen eintretenden Schäden zu verantworten hat und auch die notwendigen Mittel und Ressourcen für Maßnahmen zur Risikobehandlung bewilligen kann.

- **Spezifisches Ziel**: Die für ein Vorhaben spezifische Ausprägung eines → Ziel-Typs. Beispiel: Das spezifi-sche Ziel „Liefertermin für Release 1.1 am 13.11.2018" ist eine Ausprägung des Ziel-Typs „Einhaltung eines vereinbarten Termins".

- **Steuerungsmaßnahmen**: Siehe → Reaktivmaßnahmen.

- **Strategisches Management**: Das Strategische Manage-ment ist für die Entwicklung und Planung von Vorge-hensweisen zuständig, um die Vorgaben des → Norma-tiven Managements zu erfüllen.

- **Ursache-Wirkungs-Diagramm**: Graphische Darstel-lung von Ursachen, die das Erreichen eines Ergebnisses bzw. → Ziels maßgeblich beeinflussen.

- **Ziel**: Siehe → Spezifisches Ziel.

- **Ziel-Typ**: Allgemeine Beschreibung für das → Ziel ei-nes Vorhabens. Beispiel: "Einhaltung eines vereinbarten Termins".

Literaturverzeichnis

- **[Bleicher 2017]:** Knut Bleicher, Christian Abegglen: „Das Konzept Integriertes Management. Visionen – Missionen – Programme". 9., überarbeitete und aktualisierte Auflage. Campus Verlag, Frankfurt/New York 2017, ISBN 978-3-593-50599-2, S. 150 ff. (714 S.).

- **[BSI 2017]:** Website "IT-Grundschutz Kataloge". URL https://www.bsi.bund.de/DE/ Themen/ITGrundschutz/ITGrundschutz Kataloge/Inhalt/inhalt_node.html (22.11.2017).

- **[DIN EN ISO 9001 2015]:** "Quality management systems – Requirements". ISO (International Organization for Standardization).

- **[GNU 2017]:** Website „GNU Gneural Network". URL https://www.gnu.org/software/gneuralnetwork (28.12.2017).

- **[ISO/IEC 14001 2015]:** "Environmental management systems -- Requirements with guidance for use". ISO (International Organization for Standardization).

- **[ISO/IEC 25010 2011]:** "Systems and software engineering -- Systems and software Quality Requirements and Evaluation (SQuaRE) -- System and software quality models". ISO (International Organization for Standardization).

- **[ISO/IEC 27001 2015]:** "Information technology -- Security techniques -- Information security management systems -- Requirements". ISO (International Organization for Standardization).

Über den Autor

Stefan Luckhaus ist Informatiker mit mehr als 40 Jahren Berufserfahrung. Er ist seit 1981 in der Softwareentwicklung tätig und schloss 1988 sein Informatikstudium in Frankfurt als Dipl.-Ing. (FH) ab. Danach war Stefan Luckhaus 10 Jahre selbständig. Seit 1998 ist er Mitarbeiter der PASS Consulting Group (www.pass-consulting.com). Dort war er anfangs als Entwickler tätig. Später leitete er Entwicklungsprojekte, die ihn in die USA, Singapur, Indien und das europäische Ausland führten. In den folgenden Jahren übernahm Stefan Luckhaus die Leitung des Competence Centers Project Governance, das die Verfahrenstechnik zur Softwareentwicklung der gesamten PASS-Gruppe bereitstellt und auch Produktivitäts- und Qualitätsmessungen, intern für ca. 20 IT-Shops sowie im Kundenauftrag, durchführt. Er ist Mitarbeiter des R&D-Bereichs der PASS-Gruppe und hat den Beraterstatus eines Principal Innovation Consultant.

Die Fachgebiete von Stefan Luckhaus sind Softwaremetrie, Qualitätsmanagement sowie Vorgehensmodelle und die Verfahrenstechnik zur Softwareentwicklung. Er leitete im Branchenverband BITKOM (Bundesverband Informationswirtschaft, Telekommunikation und neue Medien e.V.) den Arbeitskreis Qualitätsmanagement, war am Leitfaden „Agiles Software Engineering Made in Germany" beteiligt und hielt mehrere Vorträge, u.a. auf dem Bitkom Software Summit.

Stefan Luckhaus ist in den sozialen Netzwerken Xing, LinkedIn und X (ehem. Twitter) vertreten. Er publiziert außerdem in den Blogs www.digital-management-blog.de und www.software-productivity.com.

Abbildung 30: Der Autor Stefan Luckhaus

Buchempfehlungen

Titel:
Aufwandsschätzungen in der agilen Softwareentwicklung
Einsatz von Methoden zur Messung des funktionalen Umfangs

Autor: Stefan Luckhaus

Agile Softwareentwicklung und ein fest vereinbarter Liefertermin oder Festpreis schließen sich nicht aus. Im Gegenteil: Die Prinzipien agiler Softwareentwicklung erweisen sich als gute Maßnahmen zur Minderung typischer Risiken, denen Entwicklungsprojekte mit verbindlichen Vorgaben ausgesetzt sind.

Kritisch für die Erreichung von Projektzielen ist eine verlässliche Planung, die ohne großen Aufwand erstellt und im Fall geänderter Anforderungen flexibel nachjustiert werden kann. Bewährt haben sich unter diesen Rahmenbedingungen indirekte Aufwandsschätzungen auf Basis von Umfangsmessungen. Sie erfordern einen nach präzisen Regeln ermittelten Wert für den Umfang der funktionalen Anforderungen sowie einen Erfahrungswert für die eigene Produktivität unter vergleichbaren Rahmenbedingungen.

Notwendig für die Bestimmung des funktionalen Umfangs sind Kenntnisse der gewählten Methode, beispielsweise der Function Point-, Data Interaction Point- oder COSMIC-Methode, sowie eine ausreichende Präzisierung der Anforderungen, beispielsweise eine Beschreibung durch Anwendungsfälle und Elementarprozesse. Unter diesen Voraussetzungen ist der Wert, den man erhält, eine valide Kennzahl für den Umfang der funktionalen Anforderungen. Er ist unabhängig von der Person, die ihn ermittelt, und bei jeder wiederholten Anwendung auf dieselben Anforderungen erhält man den gleichen Wert.

Einen Erfahrungswert für die eigene Produktivität, das heißt den mit einer bestimmten Arbeitsleistung des eigenen Teams typischerweise implementierbaren funktionalen Umfang, erhält man durch regelmäßige Nachbetrachtungen fertiggestellter Inkremente bzw. Releases. Dabei setzt man den implementierten Umfang mit der dafür benötigten Arbeitsleistung ins Verhältnis. Die methodische Bestimmung des implementierten Umfangs basiert – je nach Methode - auf der Zählung von beispielsweise Elementarprozessen oder Datenelementen, die bei entsprechender Abbildung auf konstruktive Merkmale automatisiert werden kann. Ein einmal erstelltes Zählprogramm kann in kürzester Zeit den Umfang der implementierten Anwendung und durch Vergleich mit dem vorhergehenden Ergebnis den durch den letzten Entwicklungsprozess entstandenen Zuwachs des funktionalen Umfangs liefern.

Regelmäßig erhobene und gegenübergestellte Messwerte für Produktivität und Qualität (im einfachsten Fall die Fehleranzahl) helfen, Handlungsbedarf zu erkennen und die Wirksamkeit zuvor umgesetzter Verbesserungsmaßnahmen zu verifizieren.

Das Buch beschreibt, wie Umfangsmetriken in der Praxis einer an agilen Werten orientierten Softwareentwicklung gewinnbringend eingesetzt werden können, welche Unterschiede und Einschränkungen es gibt, wie die Genauigkeit der Aufwandsschätzungen mit jedem Sprint erhöht werden kann und wie automatisierte Messungen möglich sind.

ISBN:

Softcover	978-3-732-36593-7
Hardcover	978-3-732-36594-4
E-Book	978-3-732-36595-1

Titel:
Multiperspektivische Betrachtung von Softwarequalität
Wahrnehmung und Bewertung von Softwarequalität aus Sicht verschiedener Interessensgruppen

Autor: Stefan Luckhaus

Qualität ist das Vorhandensein zugesicherter wie auch erwarteter Eigenschaften. Bei einem Softwareprodukt entsprechen die zugesicherten Eigenschaften explizit beschriebenen Anforderungen, deren Umsetzung man überprüfen kann. Die Herausforderung bei erwarteten Eigenschaften, sogenannten impliziten Anforderungen, ist, dass ihre Bedeutung von verschiedenen Interessensgruppen auch unterschiedlich bewertet wird und somit Einschränkungen bzw. das Fehlen einer solchen Eigenschaft auch eine unterschiedliche Kritikalität hat.

Der Erfolg eines Softwareprodukts wird, neben dem Grad der Innovation, die es darstellt, wesentlich vom Qualitätsempfinden der verschiedenen Interessensgruppen bestimmt. Um diesen Erfolg steuern zu können sind die Produktverantwortlichen auf eine regelmäßige Messung bzw. Erhebung der Qualitätswahrnehmung durch die wichtigsten Nutzergruppen und die Teams zur Wartung, Weiterentwicklung und ggfls. den Betrieb angewiesen. Aus der Analyse und Auswertung dieser Informationen müssen Verbesserungsmaßnahmen abgeleitet und umgesetzt bzw. eingelastet werden. Die Qualitätsmessungen in den nachfolgenden Zyklen werden dann die Wirksamkeit der umgesetzten Verbesserungsmaßahmen aufzeigen. Ein solches Managementsystem hilft, die Qualität eines

Softwareprodukts über seinen gesamten Lebenszyklus hinweg zu kontrollieren, zu steuern und kontinuierlich zu verbessern.

Das Buch gibt zunächst einen Überblick über die verschiedenen Qualitätsmerkmale – aus multiperspektivischer Sicht verschiedener Interessensgruppen. Dabei zeigt es Erfahrungswerte aus der Praxis zu möglichen Erwartungen und bewährten Methoden zur Messung und Bewertung der Qualitätseindrücke auf. Im Anschluss beschreibt es exemplarisch und in aller Kürze ein Managementmodell zur entwicklungsbegleitenden kontinuierlichen Optimierung der Produktqualität.

ISBN:

Softcover	978-3-384-17807-7
Hardcover	978-3-384-17808-4
E-Book	978-3-384-17809-1